스마트 IT, 스마트 혁명

팸플릿
4

스마트 IT, 스마트 혁명

정지훈 지음

자음과모음

IT는 더 이상 전문가들의 것이 아니다. 이제 IT는 우리 생활에 없어서는 안 될 필수품이 되었다. 오늘날 가장 중요하게 여겨지고 있는 이 기술을 도대체 누가, 무슨 이유로 발전시켜 온 것일까? 그리고 IT는 실제로 우리 인생과 사회를 어떻게 변화시키고 있는가?

IT가 일으킨 스마트 혁명을 이해하기 위해서는 IT 전문 지식보다 IT 기술이 나타나게 된 배경, IT와 관련된 사람들, 그리고 앞으로 우리가 함께 만들어 갈 미래를 그려 보는 연습이 더욱 중요하다. IT를 두려워하는 사람들이 생활 속에 IT를 받아들여 자신들만의 IT 철학을 가질 수 있길 바란다. 이 책이 IT를 알고 싶은 사람들에게 작은 도움이 되었으면 하는 바람이다.

정지훈

제1장

PC 혁명, 새로운 철학과 만나다

IT가 세상의 패러다임을 바꾸고 있습니다. IT 융합 분야의 전문가로 활동 중인 저로서도 급변하는 세상에 적응하기가 쉽지 않은데요.《스마트 IT, 스마트 혁명》을 통해 여러분께서 궁금해 하시는 IT의 모든 것과 IT의 역사에 대한 이야기를 풀어 보겠습니다.

제가 가장 많이 듣는 질문이 있어요. 의대 교수인데, 어떻게 IT 전문가가 되었느냐는 것입니다. 제가 의과대학을 나오긴 했는데요. 박사학위도 공학과 의학이 합쳐진 의공학이라는 분야에서 받았고요. 병원에서도 의학에 IT나 나노기술 같은 첨단기술을 접목하는 융합의학과에서 연구하고 있습니다. 그리고 제가 아주 어렸을 때부터 컴퓨터 프로그래밍을 했어요.

이른바 '세운상가 키즈'라고 할 수 있지요. 프로그래밍도 많이 하고, IT와는 떼려야 뗄 수 없는 관계에 있었습니다. 오늘날 우리 사회도 IT를 떼어 놓고는 얘기가 안 되지 않습니까?

IT 역사만 해도 그렇습니다. 특히 사람이나 환경이 중요하다고 봅니다. IT는 혁신적으로 패러다임을 바꾸는 데 관여하는 경우가 많은데, 그런 종류의 혁신은 결국 사람이 일으킵니다. 그렇기 때문에 IT와 관련된 주요 인물과 주변 인물, 환경과 역사를 알아야 미래를 예측할 수 있겠죠. 저는 IT 혁명의 역사를 개관하는 포인트를 1955년으로 잡았습니다. 이 시기에 상징적인 사건들이 있었거든요.

제1장의 제목은 'PC 혁명, 새로운 철학과 만나다'라고 붙였습니다. 먼저 간단하게 IT 키워드에 대해 쭉 짚어 보고 본격적인 이야기로 들어가겠습니다.

> 하드웨어와 소프트웨어 / IBM / MS-DOS / PC / 워드프로세서
> 에릭 슈미트 / HTML / RSS / 에반 윌리엄스 / 유투브

(1) 하드웨어는 주로 기계나 컴퓨터와 같이 제품의 형태로 만질 수 있는 것이고, 소프트웨어는 뭐죠? 하드웨어에 설

치를 해서 쓰는 컴퓨터 프로그램을 소프트웨어라고 합니다.
(2) IBM은 컴퓨터 역사에서 가장 중요한 회사입니다. 애플이
PC를 내놓으면서 한동안 위세를 잃기도 했지만, 컴퓨터 업계
에서 가장 전통이 있는 브랜드입니다. (3) 지금은 윈도를 쓰
니까 모르는 분들도 많을 것 같은데요. 초창기 IBM PC가 확
산되었을 때는 마이크로소프트에서 만든 MS-DOS라는 운
영체제를 썼습니다. (4) PC는 Personal Computer의 약자죠?
그러니까 개인용 컴퓨터입니다. (5) 워드프로세서는 과거에
손으로 원고지에 쓰거나 타자를 쳐서 작성하던 문서를 디지
털로 옮겨 작성하고 프린트할 수 있도록 만들어 주는 소프트
웨어입니다. 한국에서도 대표적인 워드프로세서가 나왔죠?
기억나세요? 우리가 흔히 얘기하는 '훈글'이 대표적인 워드프
로세서입니다. (6) 에릭 슈미트Eric Schmidt는 1955년에 태어난
중요한 인물 중 한 명입니다. 지금은 CEO 자리에서 물러났
지만 구글의 전 CEO였죠. (7) HTML은 웹페이지를 구성하
는 문법인데, HTML 문법으로 만든 문서를 웹페이지라고 표
현합니다. (8) RSS는 대부분 잘 모르실 텐데요. 블로그를 보
면 '구독'을 할 수 있어요. 구독하고 나서 누가 무슨 글을 썼
는지 요약해서 저장할 수 있는 프로토콜 기술의 이름입니다.
(9) 에반 윌리엄스Evan Williams는 트위터를 처음 만든 사람 중

한 명이고, 2011년 한국에도 왔었죠. 에릭 슈미트와 함께 최근에 많은 변화를 이끈 사람입니다. (10) 유투브YouTube는 동영상 플랫폼이죠. 요즘에는 스마트폰이 대거 보급되어 동영상을 찍어 보내면 저절로 업로드되는 기능들이 많이 생겼죠. 이와 관련해 앞으로 멀티미디어 분야에서 많은 변화가 있을 겁니다. 자, 그럼 본격적으로 1955년의 의미부터 살펴보겠습니다.

1955년에 무슨 일이 있었느냐? 여러분, 세상의 패러다임을 바꿨다고 얘기할 수 있는 기업들이 몇이나 있을까요? 그다지 많지 않습니다. 잘나가고 돈을 많이 버는 기업들은 굉장히 많이 꼽을 수 있지만, 패러다임을 바꾼다 하면 과거의 것을 확 뒤집어야 한다는 거지요. 그런 차원에서 패러다임을 바꾼 기업은 크게 세 군데를 꼽을 수 있습니다. 어디일까요? 애플과 마이크로소프트, 구글입니다. 각각의 영역은 조금씩 달라요. 먼저, 애플 하면 떠오르는 사람이 있죠? 예, 바로 스티브 잡스Steve Jobs가 떠오르죠. 그다음 마이크로소프트 하면 누가 떠오르죠? 빌 게이츠Bill Gates입니다. 마지막으로 구글 하면? 아까 말씀드렸듯이 에릭 슈미트. 이 세 사람은 동갑내기입니다. 1955년 같은 해에 태어났어요. 그래서 세상을 바꾼 세 회사의 가장 중요한 인물이 태어난 1955년을 포인트로 잡은 겁니다. 이 중에서 에릭 슈미트는 제2장에서 조금 더 말씀드릴 예정이고요. 이번 장에는 애플과 마이크로소프트가 중심이 됩니다. 그래서 PC가 IT 세상과 세상 전체를 어떻게 바꿨는지 그 이야기를 펼치도록 하겠습니다.

옛날 사진을 보면 언제나 독특한 느낌이 드는데요. 그림 1을 보시면, 그래도 누가 스티브 잡스인지 바로 아시겠죠? 예, 이 두 사람은 애플의 창업자예요. 좌측에 있는 스티브 워즈니악Steve Wozniak은 스티브 잡스보다 다섯 살이 많은 형이죠. 어떻게 보면 굉장히 괴짜입니다. 스티브 잡스와 스티브 워즈니악이 어렸을 때 자란 환경을 살펴보면 재미있는 이야기가 많아요. 특히 스티브 잡스는 태어나자마자 버려졌거든요. 아버지가 시리아 사람인데, 미국에 공부를 하러 갔다가 미국인 여성을 만나 애를 낳았습니다. 그런데 여자 쪽 집안에서 반대가 심하니까, 병원 앞에 '이 아기를 데려가시는 분은 대학을 나오신 분이어야 하고, 아이를 대학에 꼭 보내주세요'라는 쪽지를 써 놓고 갔답니다. 스티브 잡스를 데려간 양아버지는 전파상을 운영하고 있었어요. 기계를 고치고 전자제품을 수리했지요. 그래서 잡스에게 다섯 살 때부터 벤치를 만들어 주고 납땜

그림 1. 애플 창업자, 스티브 잡스(우)와 스티브 워즈니악

질도 가르쳐 주었어요. 잡스는 자연스럽게 전자, 전기와 관련된 지식과 경험을 익히게 된 거죠. 고등학교 시절에는 HP라는 대표적인 IT기업에서 인턴을 하겠다고 HP 사장한테 전화를 걸어 아르바이트 자리를 얻을 정도로 배짱이 두둑했습니다. 거기서 일을 하다가 만난 사람이 바로 스티브 워즈니악이었지요.

잡스의 친부모가 양아버지한테 어떤 메시지를 남겼다고 했지요? 대학을 보내 달라는 부탁을 했다고 했죠? 그래서 양부모님은 굉장히 가난했지만 잡스를 대학에 보내게 됩니다. 잡스는 오리건 주에 있는 리드 대학Reed College에 들어가면서 워즈니악과 서로 떨어져 있게 되는데요. 대학에서 한 학기를 공부했을 때 중요한 사실을 알게 됩니다. 자기는 중고등학교 때 열심히 공부하지 않았는데, 그런 자신을 대학에 보내기 위해 양부모님이 그동안 저축해 놓은 돈을 한 학기 등록금으로 다 썼다는 걸 알게 되었지요. 그러니까 양부모님은 친부모의 마지막 부탁 때문에 무리를 해서 대학에 보낸 것인데, 잡스는 그 사실을 알고 갑자기 휴학을 해 버립니다. 그 뒤에 복학을 안 했으니 결국 대학을 그만둔 것이죠.

그런데 한 가지 재미있는 사실이 있어요. 잡스에게는 자기가 하고 싶은 것을 끝까지 파고드는 경향이 있었다는 것입니다. 그래서 대학에서 사귄 친구들 집에 빌붙어 살면서 자기가 듣고 싶은 강의를 청강했습니다. 여러 강의 중에 잡스가 가장 좋아했던 것은 캘리그라피Calligraphy 강의였다고 해요. 그래서 나중에 예쁜 글꼴을 이용해서 데스크톱 퍼블리싱Desktop Publishing을 구현한 매킨토시를 발표하게 되지요. 오늘날에도 애플에서 만든 제품들을 보면 디자인적으로 참 예쁜데요. 대학 시절, 잡스의 이런 경험이 변화의 결정적 계기가 되었다고 합니다.

그렇게 대학 공부를 하고, 재미있는 일을 신나게 하다가 다시 만난 사람이 누구였겠어요? 괴짜였던 스티브 워즈니악

그림 2. 블루박스

이었지요. 다시 만나게 된 둘은 뭔가 재미있는 일이 없을까 궁리를 하며 다닙니다. 워즈니악은 잡스에 비해 엔지니어의 성격이 훨씬 강했고, 하드웨어와 소프트웨어를 만드는 데 천재적인 사람이었거든요. 그래서 함께 별별 재미있는 프로젝트를 대거 추진하는데, 그중에서 가장 독특했던 프로젝트가 바로 그림 2의 블루박스입니다.

무엇처럼 보이세요? 전화기 버튼처럼 생겼죠? 요즘에는 휴대전화를 쓰지만 옛날에는 공중전화기가 있었죠. 공중전화기에 선을 걸어서 도둑전화를 하는 사람들이 있었어요. 도둑전화를 거는 게 가능했거든요. 한국에서도 부모님 세대에는 가정에서 두세 대의 전화기를 사용할 때 전선을 연결해 이용했습니다. 그런데 이것을 쉽게 할 수 있는 기계를 만든 거예요. 국제전화를 하면 돈이 많이 드니까, 잡스와 워즈니악은 부품을 사다가 공중전화기에 걸어서 전화할 수 있는 기계를 만든 거지요. 처음에는 재미로 만들었는데, 잡스가 보기에 이게 장사가 될 거 같았습니다. 그래서 150~200달러를 들여 만든 이 물건을 대학생들에게 팔기도 했어요. 유학생들이 이것을 사서 열심히 국제전화를 했다고 합니다. 둘이서 직접 장난전화도 많이 했는데요. 가장 황당했던 장난이 뭐냐면, 교황청에 전화를 한 사건이라고 해요. 그래서 그 당시 국무장관이었던 헨리 키신저Henry Kissinger의 흉내를 내어 '내가 헨리 키신저다. 교황 좀 바꿔 달라.'는 장난을 치다가 걸릴까 무서워 도망가기도 했답니다. 굉장히 재미있는 장난을 많이 쳤던 괴짜들이었습니다.

그러다가 잡스가 처음으로 취직을 하게 되는데요. 그가 리드 대학에서 실리콘밸리Silicon Valley로 돌아왔을 때 행색이 거의 거지 같았다고 해요. 히피문화 아시죠? 히피들처럼 음악을 좋아하고 씻지도 않으며 선禪 같은 동양철학을 좋아했답니다. 그래도 일은 해야겠고, 어느 회사에 들어갈까, 열심히 고민하다 고른 회사가 바로 아타리Atari였어요. 혹시 들어보셨나요? 아주 어렸을 때 기억을 더듬어 보면 TV에 연결하는 게임기가 있어요. 다이얼을 돌리면 공이 좌우로 왔다 갔다 하면서 탁구를 치는 게임기인데요. 생각나세요? 바로 '탁구Pong'를 만든 회사가 아타리예요. 그러니까 최초로 TV 게임기를 만든 회사인데요. 오늘날 게임과는 비교조차 안 되지만, 아타리는 가장 앞서나가는 실리콘밸리의 회사라는 이미지가 있었어요. 게다가 게임이니 얼마나 재미있어요.

잡스는 아타리 회사의 문을 무작정 두드립니다. 거지 차림을 한 사람이 한밤중에 찾아왔으니, 수위아저씨가 보고 쫓아내려고 했겠지요. 그런데 잡스가 여기 총책임자 없냐고 소리칩니다. 야근 중인 이사급 임원 한 명이 "도대체 누군데 소란이냐?" 하고 내려온 거예요. 이 사람이 정말 대단한 결정을 했습니다. 잡스의 얘기를 들어보더니 "뭐라도 할 수 있겠군." 이라며 채용합니다. 그렇게 일을 시켜요. 그런데 차림새가 옹색하고 냄새가 너무 나니까, 동료들이 싫어하는 거예요. 동료들이 "이 사람과는 도저히 일을 못 하겠어요."라고 불평을 하니까, 어떻게 하겠어요. 잘랐으면 좋겠는데 자르지는 못하겠고, "자네는 밤에만 나와서 동료들이 다 퇴근한 후에 혼자 일하게."하고 지시합니다. 그 경영자도 참 대단한 것 같아요.

그때부터 잡스는 밤에 나와 일을 하게 됩니다. 그러다 보니 어때요? 자유롭잖아요. 시간이 날 때마다 워즈니악을 부릅니다. 워즈니악도 게임을 좋아했거든요. 전 세계 테트리스 1등 기록을 보유했던 인물이에요. 그런 사람에게 아타리로 놀러 오라니까, 얼마나 가고 싶겠어요. 워즈니악은 HP에서 퇴근하면 만날 아타리에 놀러 갔습니다. 잡스가 워즈니악한테 "이거 한번 해볼래?" 하고 일을 주면 천재 엔지니어는 순식간에 해치웁니다. '어, 이거 간단하네.' 잡스는 생각했고, 남은 시간 동안 같이 놀면서 게임들을 구경하다가 퇴근하지요. 그런데 다음날 보면 누가 일을 한 게 되는 거죠? 바로 잡스죠. 이런 식으로 회사 일을 자연스럽게 하면서 나름 능력을 인정받게 되었죠. 그러다가 아타리가 만든 전설의 게임인 '벽돌깨기'까지 만들게 됩니다.

오늘날 컴퓨터 게임은 소프트웨어가 중요하지만, 당시 아케이드 게임은 칩을 모아서 만들었거든요. 칩이 100개, 200개 들어가면 원가가 상승해서 비싸져요. 아케이드 오락실 게임기는 원가 절감을 위해 칩수를 줄이는 것이 관건인데, '벽돌깨기' 게임은 엔지니어들이 머리를 싸매도 복잡해서 방법이 없는 거예요. 그러자 아타리 사장이 콘테스트를 열었습니다. "누구든 풀어낼 수 있는 사람에게 엄청난 보너스를 주겠네." 그걸 보고 잡스가 가만있었겠어요? 지원을 합니다. 믿는 구석이 있으니까. "저거 제가 하겠습니다!" 하지만 실제로는 누가 했겠어요? 바로 워즈니악이겠죠. 그렇게 만든 게임이 '벽돌깨기'입니다.

이러한 에피소드에서 가장 유념해야 할 부분은 당시 미국의 동부와 서부 간 철학의 차이입니다. 당시 컴퓨터 업계를 좌지우지하던 회사들은 다 어디에 있었느냐? 동부에 있었거든요. IBM이나 왕랩Wang Lab 같은 대표적인 컴퓨터 기업은 전부 동부의 회사였습니다. 그리고 IBM의 왓슨 회장은 "전 세계에 컴퓨터는 다섯 대만 있으면 된다."라는 의견을 피력하고 있었어요. 이렇게 복잡한 것을 개인이 쓸 필요가 있겠냐고 생각하고 있었죠.

그런데 서부의 생각은 어땠느냐? 자유와 히피문화가 함께 어우러져 저항을 하고 창조적인 것들을 자유롭게 공유하는 문화였거든요. 그러다 보니까 처음에는 늘 데모를 하고, 포크 뮤직 같은 것이 탄생하고, 로큰롤 축제처럼 자유롭고 젊은 이들의 에너지가 넘치는 독특한 문화가 많이 생겼습니다. 그런데 그 문화를 즐기던 젊은이들도 나이가 들면서 가정을 꾸리고 아이를 낳으니까 뭔가를 해야 하잖아요. 그들이 실리콘 밸리의 회사에 들어가 일하게 되고, 창업도 하게 되는데요. 그러한 창의력을 발산한 회사들 중 하나가 애플입니다. 지금까지 아타리에서 잡스와 워즈니악이 서로 장난친 이야기만 계속했잖아요. 그러한 창의력과 자유롭게 노는 에너지가 모여서 탄생한 것이 바로 애플이라는 얘기를 하고 싶었기 때문입니다.

다음으로 빌 게이츠와 폴 앨런Paul Allen으로 넘어갈게요. 이 두 사람은 또 다릅니다. 빌 게이츠는 스티브 잡스와 상반된 환경에서 자랐죠. 아버지는 변호사이고, 어머니는 캐나다 연방은행 총재의 딸이에요. 금융과 법률 분야의 엘리트 가문에서 자라다 보니까, 빌 게이츠는 명문가 자제들이 다니는 고등학교에 입학합니다. 거기서 학부모들이 바자회를 했는데, 바자회 수익금으로 대형 컴퓨터를 쓸 수 있는 환경이 조성됩니다. 당시만 해도 웬만한 사람들은 그런 환경을 꿈꿀 수 없었죠. 빌 게이츠와 폴 앨런은 고등학교 때 컴퓨터 클럽을 만들며 친해진 친구였어요. 거기서 컴퓨터 프로그램을 시작하면서, 새로운 프로그램들이 막 쏟아집니다. 프로그램으로 세상을 바꿔보겠다, 이러한 모토를 바탕으로 마이크로소프트의 기원이 싹트게 되었죠.

모범생이었던 빌게이츠는 결국 하버드 대학에 들어갑니다. 프로그래밍 못지않게 공부도 열심히 한 거죠. 하지만 얼마 못가 대학 1학년 때 중퇴를 합니다. 모종의 사건이 있었어요. 1974년 잡지에 최초의 퍼스널 컴퓨터라는 기사가 나오기 시작해요. 개인들도 컴퓨터를 조립해 쓸 수 있다는 기사를 보고 공부 대신 다른 것을 하고 싶어진 거죠. 폴 앨런도 가판대에서 이 잡지를 보고 빌 게이츠에게 달려옵니다. "우리가 늘 이야기하던 그런 시대가 지금 올 것 같아. 그런데 여기서 이러고 있어야 하겠냐?" 둘이서 의기투합을 합니다. 그렇다고 바로 학교를 중퇴하느냐, 그건 아니었고요. 왜냐하면 프로그램 개발을 하려면 대학에 있는 컴퓨터를 써야 했던 것이지요.

그렇게 마음을 먹고 최초의 PC를 만든 MITS라는 회사에 연락을 합니다. 거기에 전화해서 마치 자기가 사장인 것처럼 서류까지 꾸며서 보내요. 유령회사를 만들어 놓고 "귀사에서 베이식 프로그램을 필요로 하는 것을 잘 압니다. 우리가 그것을 만들 수 있는 기술이 있으니까, 우리한테 일을 맡겨 주십시오."라고 했습니다. 그런데 때마침 MITS에서 그것이 필요했습니다. 그 회사 사장이 서류를 보고 수소문을 해요. 그렇게 우여곡절 끝에 연락이 닿자 대뜸 묻지요. "너희들 사기꾼 아니냐?" 그랬더니 "사기꾼이 아니라 우리는 대학교 1학년 학생인데, 사실 그대로 말하면 일을 안 줄 것 같아서 거짓말을 했습니다."라고 해명을 합니다. MITS 사장이 "그래? 그럼 와서 한번 만들어 볼래?"라고 제안을 합니다.

두 사람은 일에 매진합니다. 몇 개월 동안 하버드 대학에서 열심히 시뮬레이션을 해서 만든 것이지요. 그렇게 만든 프로그램을 뉴멕시코 주에서 실행했는데, 첫 번째 실행에서는 완전한 성공을 하지 못했어요. 실행되어 처음에 몇 글자만 뜨다가 죽어 버린 거지요. 그런데 그것을 본 MITS 사장이 "자네들이라면 내가 한번 믿고 맡겨 보겠네."라고 약속을 합니다. 그렇게 해서 시작된 것이 마이크로소프트라는 회사예요. 환경은 달랐지만 혁신과 창업에 대한 생각, 하고 싶은 열정, 이런 것이 느껴지시죠? 이렇게 출발한 회사들입니다. 그런데 잘나가는 인물이 있으면 항상 정반대로 풀리는 불운한 사람들이 있지요. 제가 생각할 때 로널드 웨인Ronald Wayne이 그러한 경우입니다.

그림 3의 맨 왼쪽에 있는 로고가 첫 번째 애플이에요. 모양이 좀 안 예쁘죠? 애플의 원래 창업자는 스티브 잡스와 스티브 워즈니악, 로널드 웨인 이렇게 셋이었는데, 로널드 웨인이 지분의 10퍼센트를 가졌대요. 애플의 주식 10퍼센트면 엄청난 겁니다. 웨인은 최초의 애플 로고를 디자인했고, 애플1의 매뉴얼도 만들었어요. 그런데 웨인은 2주 만에 자기가 투자한 돈 800달러를 되돌려받고 주식 10퍼센트를 잡스와 워즈니악에게 팔아 버려요. 엄청난 부자가 될 수 있었던 기회를 놓쳐 버린 거죠. 이런 일이 벌어지면 미디어에서 가만히 안 있

그림 3. 애플 로고의 변천사

죠. 그때 왜 그랬는지 쫓아가서 물어봅니다. "도대체 무슨 생각으로 그것을 팔았습니까?" 그랬더니 그 사람이 담담하게 대답했다고 해요. 그 내용이 아주 재미있는데, "그 당시에 난 진짜 안 될 줄 알았다."라고 대답한 한 거예요. 2주간 해 보니까 애들 장난인 것 같고, '이게 그렇게 크게 되겠어?'라는 생각에 800달러가 아까웠던 거죠. 그래서 회수를 한 겁니다. 지금 생각해 보면 엄청 불운한 거죠.

애플1에 이어서 애플2를 만들려고 했는데, 애플1은 한 200대 정도 팔았거든요. 애플1은 그다지 예쁘지 않고 일반인이 쓰기에 좀 그래 보이잖아요. 일반인이 쓰려면 대량생산을 해야 하는데, 그럼 자본을 빌릴 사람이 필요했어요. 그래서 잡스가 자금 조달을 맡습니다. 하드웨어와 소프트웨어 할 것 없이 뭐든 만드는 건 워즈니악이 했거든요. 그러니까 잡스가 돈을 끌어와야 했는데, 자신의 자동차 폭스바겐을 팔아서 자금을 마련했지만, 애플2를 만들기에는 턱없이 부족했던 겁니다.

그래서 무슨 작전을 펼치느냐? 역시 무작정 두드리기.

　　돈 밸런타인Don Valentine은 세콰이어 캐피탈Sequoia Capital을 만든 사람이에요. 지금도 실리콘밸리의 양대 벤처캐피탈로 세콰이어 캐피탈과 KPCB를 꼽아요. 그러니까 밸런타인은 실리콘밸리의 최고의 벤처캐피탈리스트예요. 돈이 많죠. 스티브 잡스가 어떻게 하느냐? 무조건 찾아가서 돈을 달라고 엉기기 작전을 합니다. 돈을 안 주면 안 간다는 식으로 했던 거예요. 그런데 밸런타인은 깔끔한 걸 좋아하는 사람이라 히피풍의 사람을 싫어하기로 유명했어요. 그래서 스티브 잡스를 어떻게 떼어 놓을지 매일 궁리하고 있었어요. 그때 마이크 마큘라Mike Markkula가 등장하는데, 그는 인텔에 투자해 크게 성공한 인물로 밸런타인과 친분이 두터웠어요.

　　돈 밸런타인이 마이크 마큘라한테 전화해서 "지금 이상한 애가 와서 돈을 달라는데, 자네가 어떻게 좀 해봐."라고 한 거예요. 마이크 마큘라가 오니까, 스티브 잡스가 그를 자기 차고에 데리고 간 거죠. 거기서 애플2를 보여 줍니다. 마이크 마큘라가 딱 보더니 '야 이건 된다!' 하면서 바로 자기가 투자를 집행합니다. 그러고 나서 세콰이어 캐피탈이 투자를 하죠. 그러니까 로널드 웨인과 마이크 마큘라는 굉장히 대비가 되는 인물이죠. 한 사람은 커다란 변화의 흐름을 못 읽었던 거고, 다른 사람은 미래를 읽어 냈던 거지요. 그러니까 혁신에 는 시대의 변화, 혁신을 일으키는 사람, 그것을 투자하고 지 원하는 사람이 함께 엮였을 때 뭔가를 향해 나아갈 수 있는 겁니다.

애플은 프로그램 면에서도 운이 좋았습니다. 애플의 초 창기 대표적인 프로그램은 엑셀 프로그램과 비슷했습니다. 애플이 처음 애플2를 내놨을 때만 해도 과학입국 시대였거 든요. 우리나라도 그랬지만 미국도 그랬어요. 미국은 '아폴로 11호'를 쏘아 올렸고, 〈스페이스 오디세이〉라는 영화가 미국 에 대단한 영향을 미쳤다고 해요. 그 영화에 'HAL 9000'이라 는 컴퓨터가 나옵니다. 미래에 이러한 컴퓨터가 없으면 안 된 다고 부모들을 설득해서 처음에는 애플2를 주로 교육용으로 팔았습니다.

그렇지만 실제로 제품이 사회에 큰 영향을 미치고, 많 은 사람들에게 팔리려면 세상이 바뀌어야 하잖아요? 그 역할 을 담당한 소프트웨어가 바로 비지캘크Visicalc였고, 이것을 만 든 사람은 댄 브릭클린Dan Bricklin입니다. 댄 브릭클린은 하버 드 대학에서 경제학을 공부했습니다. 엑셀에서 숫자를 쭉 넣 어서 계산 하나를 바꾸면, 자동으로 계산이 되고 그래프가 나 오죠. 그런데 당시에는 그런 프로그램이 없었지요. 교수님이 계산을 할 때 수많은 수치를 칠판에 다 적어 놓고, 계산이 틀리면 '아, 이거 잘못되었네.'라면서 다 지우고 다시 적어 넣기 시작하는 거예요. 브릭클린은 그걸 보고 나서 '저건 컴퓨터가 해야 할 일이야.'라고 생각하고, 바로 프로그래머 밥 프랭크스톤Bob Frankston을 고용해서 비지캘크를 만듭니다. 이 프로그램은 애플에 굉장히 운 좋게 작용을 합니다. 브릭클린이 PC를 필요로 할 때, 마침 잘 아는 사람이 애플2를 가지고 있었어요. 그래서 애플2를 이용해 개발을 한 거죠. 애플은 운이 상당히 좋았던 거예요. 그런데 이 프로그램 하나가 전 세계를 완전히 바꿨습니다. 그때부터 나온 용어가 바로 사무자동화Office Automation예요.

그전에는 PC를 아타리 게임기 수준에서 적용하는 정도로만 여겼는데, 이제 그것만이 아니라는 거죠. 워드프로세서를 활용하면 만날 손으로 쓰거나 타자를 치면서 출력물을 복사하던 사람들이 다른 업무를 할 수 있었습니다. 이것은 예삿일이 아니었습니다. 지금 여러분들은 너무 쉽게 생각하겠지만, 간단하게 예를 들자면, 과거에 학교 선생님들 있잖아요. 선생님들이 숙직할 때 가장 중요한 업무가 뭐였는지 아세요? 손으로 써서 등사기로 먹물을 칠해서 시험지를 만들어요. 그것까진 괜찮은데 한 줄이 틀리면 어떻게 할까요? 다시 다 써야 해요. 당시에는 수정 펜도 없었잖아요. 잘못 쓰면 처음부터 다시 써야 하니 여간 번거로운 게 아니죠? 그런데 문서를 프린트하기 전에 오탈자를 체크하여 수정하고 다시 프린트하면 되니까 사람들이 이런 기적 같은 기술이 다 있느냐, 이랬던 거지요. 그렇게 많이 바뀐 거예요.

다음으로 등장한 것이 IBM-PC와 MS-DOS입니다. IBM은 사실 체면을 구긴 거예요. IBM은 당시만 하더라도 세계 최고의 컴퓨터 회사였는데요. 어느 날 갑자기 차고에서 창업한 애들이 퍼스널 컴퓨터라는 것을 들고 나와서 "컴퓨터는 우리가 최고입니다."라고 해 버리니까, 자존심이 굉장히 상했겠죠. 그래서 비밀 프로젝트를 진행합니다. '우리가 PC에서도 뭔가를 이뤄야 해.'라며 만든 프로젝트가 바로 IBM-PC예요. 이때 마이크로소프트가 바로 기회를 잡습니다. 당시만 해도 마이크로소프트는 운영체제를 만들지는 않았거든요. 베이식이라는 프로그래밍 언어, 베이식 언어 정도를 만들던 회사였습니다.

그런데 당시 운영체제를 가장 잘 만들었던 개리 킬달 Gary Kildall이 IBM에 섭섭하게 굴어요. 그런 상황 속에서 IBM이 마이크로소프트에게 "너희가 한번 만들어 보지 않을래?"라고 맡긴 거예요. 그래서 운영체제를 만들기 시작합니다.

그 운영체제가 바로 MS-DOS예요. 앞의 MS는 마이크로소프트를 의미하는 것이고, 뒤에 도스는 disk operating system 이라는 운영체제를 의미합니다. 오늘날의 윈도 운영체제는 그림으로 만들어져 있지만, 예전에는 MS-DOS와 같이 주로 키보드로 입력을 하는 방식이었습니다. 이때 굉장히 중요한 계약이 성립됩니다. 당시만 해도 소프트웨어는 하드웨어에 하청을 받아서 뭔가 집어넣는 개념이었어요.

그전까지는 대부분 PC를 사면 소프트웨어가 자연히 딸려 오는 거라고 생각했는데, 빌 게이츠는 정말 계약을 잘했어요. MS-DOS 계약을 하면서 로열티를 받아 갑니다. IBM-PC에 들어가는 PC-DOS라는 것 말고, 자사 브랜드를 넣은 소프트웨어 패키지를 직판할 수 있는 권리를 획득해요. 그런데 IBM이 자사 프로그램을 돌릴 수 있는 하드웨어를 다른 회사들도 만들 수 있도록 개방하거든요. 이때 MS-DOS가 나오니까, 어떻게 되겠어요? 수많은 회사들이 IBM보다 더 싼 가격에 PC를 양산하기 시작해요. 이 모든 PC에 운영체제를 설치해야 할 것 아닙니까. 그러니까 다 뭘 사겠어요? MS-DOS를 사는 거예요. 그때부터 마이크로소프트는 오늘날의 윈도 시대까지 탄탄대로를 걷게 됩니다.

어쩌면 개리 킬달은 가장 비운의 인물입니다. 당시 최고의 천재였는데 가장 운이 없었던 사람이에요. 기술개발이나 주변의 지원 인력, 시장 환경이 다 좋아야 하지만, 역사에서는 어쩌면 운이 가장 중요할 수 있다는 생각이 들어요. 킬달이 얼마나 천재적인 사람이었느냐? PC 최초의 운영체제를 만들었고, DOS 시절의 메뉴 기반으로 누르면 풀다운 메뉴가 나와서 선택을 하는 기능을 처음으로 만들었으며, 기계와 사람 사이를 중계하기 위한 프로그래밍 언어와 이를 해석하는 소프트웨어 역시 처음으로 만들었습니다. 그 밖에 CD-ROM 관련 기술이나, 서로 다른 하드웨어에 동일한 운영체제를 올릴 수 있는 BIOS 기술까지 만든 사람이 킬달이에요. 지금까지 IT 역사상 소프트웨어에서 이런 천재가 없어요.

당시에 개리 킬달은 애플을 제외한 8비트의 수많은 컴퓨터 운영체제를 독점하고 있었어요. 애플은 스티브 워즈니악이 직접 만들었으니까 빼고, 나머지를 모두 독점하고 있었지요. IBM에서도 PC를 만들 때 사실은 킬달에게 맡기려고 했어요. 그런데 하필 IBM에서 킬달을 찾아갔을 때, 그는 IBM에서 날아온다는 얘기를 듣고도 외출을 해요. 대신 그의 아내가 IBM 쪽 사람을 만나게 되는데, IBM에서는 사실상 그것만으로도 기분이 상했던 거예요. 게다가 비밀 수주계약을 해 달라, 뭘를 해 달라, 요구 사항이 굉장히 많았다고 해요. 그러니까 B플랜으로 빌 게이츠한테 "자네도 좀 준비를 해 보게."라고 의뢰하게 되었지요. 빌 게이츠는 애당초 운영체제를 만들 생각이 없었다고 해요. 자기는 운영체제를 만드는 사람이 아니니까, "개리 킬달에게 가세요."라고 했었는데, IBM이 다시 와서 부탁을 하니까 '그럼 한번 해 볼까?'라는 마음에 착수하게 된 거지요.

그 뒤에 개리 킬달에게 또 한 번의 기회가 찾아와요. MS-DOS가 아무리 노력해 봐야 처녀작이니, 기술력이 못 미치잖아요. 그러니까 내가 만든 것이 MS-DOS보다 성능이 훨씬 뛰어날 것이다, 어필을 해서 권리를 획득하거든요. 그러다 보니 PC를 사는 사람들이 MS-DOS와 CP/M-86이라는 킬달의 운영체제 중에서 양자택일하는 상황이 벌어지는데요. CP/M-86은 이때 가격을 MS-DOS보다 다섯 배나 높게 책정을 합니다. 결국 사람들이 안 사게 된 거예요. 소프트웨어가 더 뛰어나긴 했지만, 성능은 좀 떨어져도 20퍼센트 가격인 MS-DOS를 사는 거예요. 그렇게 해서 MS로 판세가 넘어가게 되죠.

결국 개리 킬달은 굉장히 불운하게 죽었어요. 나중에 나름대로 굉장한 혁신을 일으켰지만, 술도 많이 마셨고, 빌 게이츠가 자기 것을 훔쳐 갔다는 피해의식도 상당했다고 해요. 그러다 충격적인 사건을 겪게 되는데요. 모교인 워싱턴 주립대학교에서 자기가 아닌 빌 게이츠에게 명예박사 학위를 준 거예요. 그것을 보고 절망하면서 남은 인생을 보냈다고 합니다.

자, 여기까지 역사적인 부분에 대한 전반적인 사항을 말씀드렸고요. PC가 일으킨 혁명의 의미에 대해서 조금 더 설명하겠습니다. PC라는 것이 무엇인가? 예전에는 컴퓨팅 자원을 IBM 같은 대기업이나 몇몇 기업에서만 썼지만, 오늘날에는 개개인마다 사용할 수 있도록 되었습니다. 그렇게 되면서 결국 무슨 일이 발생하게 되었느냐? 지식을 쉽게 생산해서 저장할 수 있게 됩니다. 거기에서 파생된 어떤 부분들을 사무자동화라고 했죠. 사무자동화라는 새로운 패러다임이 나타나 세상을 바꾸게 돼요. 그렇게 되니까 일의 생산성이 높아지고요. 잘 생각해 보시면 아실 거예요. 종전에는 일일이 손으로 해야 했던 것들을 PC를 통해서 할 수 있도록 변했죠? 그러면서 PC를 활용할 줄 아는 기업과 그렇지 않은 기업의 격차가 벌어집니다.

그리고 그것이 기업들의 경쟁력 차이를 이끌어 내면서 변화하게 된 것이죠. 그런 면에서 PC가 이끌어 낸 여러 의미

중에서 간과하지 말아야 할 특징이 있습니다. 바로 철학적 의미인데요. 그러니까 기존에는 대량생산을 하고 자본을 투자하는 쪽이 승승장구했고, IBM 같은 대형 회사가 독식하는 분위기였는데요. 지금 보셔서 아시겠지만 애플이나 마이크로소프트는 차고에서 출발하여 거대기업으로 성장했거든요. '내가 세상을 바꿀 수 있다.'라는 창조적인 아이디어에 히피문화의 자유 의식이 접목되면서 세상을 바꾸는 첫 번째 단초를 끌어낸 겁니다. 이러한 부분들에 대한 변화가 PC 혁명의 철학에 자리 잡았음을 명심하시기 바랍니다.

여기까지가 PC 혁명에 대한 제1장의 타래입니다. 여기서 마지막으로 스티브 워즈니악의 이야기를 더 하고 갈게요. 워낙 괴짜여서 워즈니악이 어떻게 살았나를 좀 이해하셔야 하는데, 어찌 보면 그는 계속 스티브 잡스한테 이용당한 거잖아요. 그렇죠? 그런데 이 사람은 부자가 돼요. 언제 부자가 되느냐? 애플 컴퓨터가 기업 공개를 할 때 주식이 가장 많았습니다. 그때 돈을 엄청나게 벌게 되는데, 워즈니악은 이 주식을 자기와 함께 일했던 직원들한테 공짜로 나눠 주었다고 해요. 자기는 그렇게 많은 돈이 필요하지 않다는 거죠. 그러고 나서 1987년에 애플을 그만두고 여러 가지 일을 하게 되는데요. 여러분, '세그웨이'라고 아세요? 외발 자전거처럼 움직이는 게 있어요. 그것을 타고 실리콘밸리에 갑자기 나타나서 왔다 갔다 하면서 이것저것을 참견하고 돌아다녔답니다. 테트리스에서 1등을 했다는 얘기는 했죠? 테트리스뿐 아니라 새로운 게임이 나오면 갑자기 잠적을 했다고 해요. 그리고 게임에서 만날 1등을 하니까 가명을 쓰기도 해요.

이렇게 괴짜 같은 인물이었는데, 자기가 번 돈의 상당액을 지역사회에 기부했다는 것은 참 대단한 거예요. 샌프란시스코 인근 6개 고등학교와 대학교에 자신의 이름을 딴 스티브 워즈니악 상을 만들어요. 그래서 IT뿐 아니라 예술과 문화, 문학 분야에 탁월한 학생들에게 장학금을 주었어요. 집에서 가장 가까운 초등학교에서 5학년짜리 아이들을 가르치기도 했고요. 또 실리콘밸리에 있는 디스커버리 뮤지엄에 가장 많은 기부를 했습니다. 그리고 〈댄싱 위드 더 스타스Dancing With The Stars〉라는 프로그램에도 나가서 재미있게 춤도 추던 사람인데요. 돈을 떠나서 자기 인생을 가장 행복하게 살고 있는 사람이라는 생각이 듭니다.

뭔가 혁신을 이끌어 내는 문화는 자유롭고 창의적이며 발산적인 데에서 나옵니다. 요즘 창의적이고 창조적인 교육을 강조하는 얘기를 많이 하잖아요. 그런데 "너 한번 빨리 창의적이 되어 봐."라고 한다면 창의적이 되나요? 그게 잘 안 되죠. 결국에는 문화거든요. 약간 이상하더라도 다른 분야하고 접목되는 것을 허용하는 문화가 있다면, 그런 부분들이 변화의 가장 중요한 시발점이 될 수 있습니다.

인터넷 혁명, 지식사회로의 전환

여러분, PC통신과 인터넷의 차이를 알고 계신가요? 1998년만 해도 나우누리와 같은 PC통신을 했었지요. 어느 순간 인터넷으로 바뀌었는데, 이번 장의 주제는 인터넷입니다. 인터넷의 출발은 원래 군사용으로 만들어졌거든요. 예를 들어 "어디서 지진이 나거나 핵공격이 발생했을 때 그래도 살아남을 수 있도록 만들어라."라는 명령에서 시작했어요. 인터넷이 거기서부터 출발해서 우리 사회에 과연 어떤 영향을 미치고 있는지, 그 내면에 담고 있는 철학은 무엇인지에 대해 말씀드릴까 합니다.

제2장의 제목은 '인터넷 혁명, 지식사회로의 전환'이라고 붙였습니다. 먼저 간단하게 인터넷 관련 키워드에 대해 살

펴보고 나서 본격적인 이야기를 하겠습니다.

world wide web / 인터넷 웹브라우저 / 넷스케이프 / 포털

지메일 / 아마존 / 이베이 / 페이팔 / TCP/IP / 모자이크

(1) world wide web입니다. 팀 버너스리Tim Berners-Lee가 창시하여 가장 많이 사용하는 인터넷 서비스입니다. (2) 인터넷 웹브라우저는 인터넷의 웹페이지를 볼 수 있도록 하는 소프트웨어이죠? 우리나라는 인터넷 익스플로러라는 웹브라우저를 가장 많이 쓰지만, 생각보다 다양한 웹브라우저가 있습니다. (3) 넷스케이프는 마크 안드리센Marc Andreessen이 만든 소프트웨어인데, 초창기에 가장 먼저 퍼졌던 웹브라우저의 이름이고요. (4) 포털에는 네이버와 다음 같은 국내 포털들과 유명한 해외 포털들이 있지요. (5) 지메일GMail은 단순한 웹메일로 보이지만 상당히 중요한 역할을 하는 소프트웨어입니다. 클라우드 컴퓨팅이라고 들어보셨어요? 서버상에서 돌아가는 프로그램들을 네트워크를 통해 실행하는 것을 의미하는데, 구글의 클라우드 컴퓨팅의 시초가 된 것이 지메일입니다. (6) 아마존Amazon은 전자상거래를 처음 시작했고, 그 용어

를 만든 굉장히 중요한 회사입니다. (7) 이베이ebay는 온라인 경매 사이트로 유명하죠. 우리나라에도 경매 사이트가 몇 개 있는데요. 경매는 전자상거래와 다릅니다. 전자상거래는 원래 파는 사람이 있고 그걸 사기만 하는 시스템이지만, 경매는 어때요? 내가 물건을 올려서 사고파는 거죠. 이베이는 그러한 최초의 회사 중 가장 성공한 회사였습니다. (8) 페이팔paypal은 한국에 제대로 도입되지 못하고 있는데요. 예를 들어 개인이 전자상거래에서 돈을 거래해야 하는데, 사는 것만 했지 파는 건 대개 잘 안 했잖아요. 파는 것을 하려면 계좌이체를 서로 쉽게 주고받고 해야 하는데, 그와 관련된 서비스를 만들어서 전 세계적으로 히트한 회사입니다. (9) TCP/IP는 기술 용어인데요. 인터넷 주소 체계와 데이터를 어떻게 주고받고 하느냐 하는 프로토콜 기술의 이름입니다. (10) 모자이크는 최초로 많은 사람들이 쓴 웹브라우저 이름이에요. 추후에 다시 다룰 겁니다. 그럼 인터넷을 주제로 본격적으로 이야기를 풀어 나가겠습니다.

인터넷의 탄생부터 시작하지요. 인터넷이 언제쯤 만들어졌는지 알고 계십니까? 그 첫 번째 태동은 1969년에 시작되었어요. 'DARPADefense Advanced Research Projects Agency'라는 미국방부 연구기관에서 여러 대학에 연구비를 지원하면서 개발을 의뢰했는데 이때 만들어진 프로그램이 인터넷이에요. 이유는 단순했어요. 아이티 지진이나 일본 대지진 등을 떠올려 보세요. 자연재해가 닥치거나 폭탄이 떨어지면, 옛날에는 네트워크가 마치 별모양처럼 되어 있어서 한가운데가 망가질 경우 모두 마비되고 말았어요. 이러면 곤란하잖아요. 그래서 공습을 받아도 살아남을 수 있는 네트워크를 연구하기 시작했습니다. 그 결과 1969년 UCLA에서 처음으로 인터넷이 만들어지게 되었고, 통상 이때를 인터넷의 탄생으로 말하고 있습니다. 최근 인터넷의 본래 취지에 맞는 사건들이 많이 일어났어요. 특히 가장 극적인 사건은 2010년의 아이티 지진이었습니다. 아이티에서 지진이 났을 때 방송국에서 취재를 하러 가잖아요. 취재원들끼리 연락을 해야 하는데 갑자기 모든 통신망이 마비된 거예요. 전화도 안 되고 아무것도 안 되니까, 지국에 연락을 해서 필름이든 뭐든 보내 달라고 해야 하는데 받을 수가 없으니 큰일이잖아요.

그런데 최초로 특종을 잡은 회사가 있었어요. 미디어 회사 중에 영국의 '스카이넷'이 사고현장에서 인터넷을 통해 트위터나 페이스북으로 구조신호를 보내는 사람을 찾아낸 거예요. '스카이프'라는 인터넷 전화가 있었거든요. 현장에 있는 사람한테 연락해서 웹캠으로 찍은 동영상을 인터넷에 거친 화면 그대로 생중계했어요. 그러면서 접근을 할 수 있게 되었는데요. 그것이 어떻게 가능했을까 생각해 보면, 인터넷은 그런 재해에 네트워크의 80퍼센트가 망가져도 연결될 수 있다는 거죠. 끈끈한 생명력이 있다는 것, 원래 이렇게 시작된 겁니다.

그러니까 우리가 생각해 왔던 인터넷과는 조금 다른 측면이 있지요? 그런데 1969년에 개발된 기술이 왜 상당한 시간이 지나서 급속도로 보급되었을까 궁금하시죠? 사실 인터넷은 매우 다양한 기술이 복합되어 있는 거예요. 이메일도 새로운 인터넷이고요. PC통신도 인터넷 기술 중 일부라고 할 수 있는데, 커다란 서버에 게시판을 만들고 동호회를 만들어 텍스트 기반으로 이용한 것입니다. 그러면 인터넷이 활성화된 시기는 언제부터냐? 팀 버너스리가 world wide web이라는 웹브라우저와 웹서버로 대별되는 웹이라는 것을 처음 탄생시키면서부터입니다. 이게 1991년이니, 이제 20년이 갓 넘은 역사죠. 팀 버너스리는 원래 물리학을 공부하던 과학자였어요. 입자물리연구소라고 들어보셨어요? 유럽의 입자물리연구소는 제네바 근처 27킬로미터에 이르는 커다란 지하 갱도를 뚫고 두 개의 원자를 부딪쳐 조그만 빅뱅을 일으키는 실험을 하는 곳인데, 최근 유명해졌지요.

지난 장에서 PC 혁명은 문서의 디지털화에 핵심이 있다는 얘기를 했지요? 팀 버너스리는 과학자니까, 과학 논문에 보면 그림이나 도표, 참고문헌 등이 많잖아요. 이런 그림과 링크를 쉽게 올릴 수 있는 문서 포맷을 만들기 시작을 해요. 그게 HTML이었고, 이것을 지원하기 위해 나온 기술이 웹서버와 웹브라우저입니다. 약 20년 전에 만든 거예요. 버너스리는 이것을 만들면서 많은 걱정을 했다고 해요. 과학자는 물론 일반인들에게도 참 유용할 것 같은데, 자칫하면 음란물 등을 올리기가 쉬울 것 같다는 우려를 했답니다. 실제로 '이건 일반인들한테 보급되면 안 되겠다.'라고 생각했대요. 그런데 실제로 어떻게 되었나요? 우리나라나 미국이나 인터넷이 처음 보급될 때에 그 우려가 현실화되기도 했죠. 그런데 버너스리가 놓쳤던 게 있어요. 모든 사람들에게 보급되면 그런 부작용은 아주 작은 일부에 불과하다는 사실입니다. 어쨌든 좋은 방향에서 보면, 인터넷은 많은 사람들이 쉽게 콘텐츠를 만들어 올릴 수 있는 철학을 만들게 됩니다. 그게 world wide web의 시작입니다.

그런데 1991년만 하더라도 한국에서는 인터넷이 그다지 활성화되지 않았어요. 당시는 PC통신 시대잖아요. 그러다 언제쯤 인터넷이 활성화되었는지 기억하시나요? 1990년대 후반입니다. 우리나라에서는 1998~1999년에 초고속인터넷이 보급되기 시작했습니다. 케이블모뎀 회사와 통신 회사에서 ADSL이라는 초고속인터넷 통신망을 깔아 주면서, 그때부터 PC통신이 인터넷으로 막 넘어갑니다. 이때 가장 중요한 역할을 하여 성공한 인물이 바로 넷스케이프의 마크 안드리센입니다.

그림 4를 보세요. 연배가 좀 어때 보이나요? 늙어 보이죠? 그런데 저 사람이 저보다 나이가 어려요. 1993년에 전설적인 소프트웨어를 만들었는데 바로 '모자이크'입니다. 마크 안드리센은 대학 시절 시카고 인근의 NCSA 연구소에서 아르바이트를 했습니다. 웹서버 기술에 반한 안드리센은 내용을 잘 볼 수 있는 소프트웨어가 보급되면 사람들이 웹 페이지를 많이 만들어 쓸 거라고 생각하여, 모자이크라는 소프트웨어를 만들어 보급한 것이죠. 그런데 순식간에 100만 다운로드가 되어서 수많은 사람들이 웹브라우저를 설치

그림 4. 마크 안드리센

해서 쓰니까, 어떻게 돼요? 갑자기 웹이 활성화됩니다. 당시만 하더라도 안드리센은 대학생이었기 때문에 그냥 잘 되었다고만 생각하고 있었던 거지요.

그런데 괘씸하게도 NCSA는 아르바이트 학생이 만든 소프트웨어를 자사 연구원들의 공으로 돌려 미국 정부로부터 돈을 받아 냅니다. 이 사실을 알게 된 이 친구가 얼마나 억울했겠어요. 자기가 열심히 만들었는데 다 빼앗겼다는 느낌이었겠지요. 안드리센은 비행기를 타고 실리콘밸리로 날아갑니다. 이제부터 웹브라우저 같은 건 안 하겠다고 결심하고는 보안 소프트웨어를 만드는 회사에 취직해서 일하고 있는데, 그에게 귀인이 나타나요. 짐 클라크Jim Clark라고 실리콘 그래픽스를 만든 사람이었습니다. 클라크가 "당신이 웹브라우저라는 정말 대단한 걸 만들었는데 여기서 썩고 있으면 되겠소?"라고 설득해서 회사를 설립하게 합니다. 그게 바로 넷스케이프입니다. 넷스케이프는 다들 들어보셨죠? 인터넷 익스플로러라는 공짜 제품이 나오기 전에 가장 먼저, 가장 많이 퍼졌던 웹브라우저였지요.

이렇게 되니까, 다른 변화가 일어나기 시작합니다. 저도 기억이 생생한 웹페이지가 여러 개 만들어지는데요. 기존의 미디어에서 어떤 콘텐츠를 만들 때, 웹과 가장 큰 차이점은 손

쉽게 올릴 수 있느냐 여부거든요. 방송 매체나 신문사들의 콘텐츠를 미디어로 다 이용하려면 비용이 많이 들고, 공중파의 경우 주파수를 따야 하는 등 복잡하거든요. 그러니까 아무나 못 들어오죠. 그런데 웹이 있으면 어떻게 할 수 있나요? 웹서버에 홈페이지를 올리면 손쉽게 나의 미디어를 가질 수 있는 거죠. 그런 식으로 쉽게 진입할 수 있게 되었습니다.

그런데 한 가지 문제가 있습니다. 사용자들이 찾아오지 않는 게 문제이죠. 사용자들에게 인식시키기 위해 무엇을 하느냐? 홈페이지를 만든 다음에 홈페이지 주소를 자꾸 알립니다. 예전에 라디오 방송에서 'www 닷 뭐뭐뭐 닷컴'이라면서 "거기 북마크 하세요."와 같은 홍보를 많이 했거든요. 기억나시죠? 요즘에는 검색을 하기 때문에 그런 광고를 안 하지만, 당시에는 그랬죠. 그런데 이런 주소를 모두 기억할 수 있나요? 여러분, 상상을 해보세요. 개수가 늘어나기 시작해요. 쉬워지니까, 웹페이지가 막 늘어요. 그럼 무엇을 하게 될까요? 이제는 모두 외우고 북마크를 할 수 없으니, 분류를 하기 시작합니다.

제리 양Jerry Yang과 데이비드 파일로David Filo는 스탠포드 대학에서 박사과정에 있었습니다. 그들은 당시에 박사학위 논문을 쓰려고 열심히 인터넷을 뒤집니다. 이 웹페이지를 찾고 저 웹페이지를 찾는데 그러면서 분류부터 한 거예요. 법과 경제, 과학, IT 등을 차근차근 늘어놓기 시작해요. 자기들의 공부를 위해 시작한 건데 하다 보니까 편리하고 좋은 거예요. 그래서 이 친구들은 자기들만 보기에 너무 아깝다는 생각을 갖게 됩니다. 이 페이지를 대중에게 공개해서 인터넷 서핑을 쉽게 할 수 있게 만들자는 결심을 합니다. 그렇게 해서 '인터넷을 서핑하는 사람들을 위한 가이드'라고 이름을 붙여서 사이트를 오픈해요. 그게 바로 야후Yahoo!입니다.

야후는 오픈하자마자 완전히 대박이 났습니다. 그래서 바로 세계 최초의 포털이 되었지요. 야후는 우리나라에서 네이버와 다음에 밀려 위세가 떨어지긴 했지만, 야후라는 회사가 전 세계 인터넷에서 가지고 있는 의미는 생각보다 큽니다. 그리고 저는 여기서 강조하고 싶은 게 있어요. 이 두 친구가 만약에 자기들이 열심히 정리를 해서 만든 사이트를 다른 사람들도 볼 수 있도록 가이드 형식으로 오픈하지 않았다면 어떻게 되었을까요? 오늘날의 야후가 없었겠죠. 지금의 위세가 예전 같지 않다고 할지라도 아예 찬스조차 못 가졌을 겁니다.

또 다른 중요한 인물로 리처드 스톨만Richard Stallman이라는 사람이 있습니다. 스톨만 역시 굉장한 천재입니다. MIT 인공지능연구소에서 가장 중요한 논문을 많이 썼고, 여러 가지 연구를 수행했는데요. 가장 유명했던 게 뭐냐? 'GNU'라는 소프트웨어를 만들어서 외부로 공개하는 오픈소스 운동을 처음 시작한 겁니다. 사실 스톨만이 MIT 연구소에서 나오게 된 배경이 있어요. 빌 게이츠의 마이크로소프트에서 가졌던 개념은 소프트웨어를 제품으로 만들어 그것을 팔고 권리를 주장을 한다는 것이었습니다. 그리고 MIT 내부 연구실에서 그와 친한 동료들 중 일부가 소프트웨어의 지적재산권을 강화하는 프로젝트에 참여하고 있었어요.

리처드 스톨만은 뭐든지 프리웨어로 풀어서 많이 쓸 수 있도록 해주는 것이 인류 발전에 도움이 된다고 믿었던 사람이었는데, 소프트웨어를 제품화하고 지적재산권을 강화한다는 개념을 어떻게 생각했겠어요? 소프트웨어는 원래 그런 게 아니었다고 믿었기 때문에, 그는 이런 일을 하는 동료들을 굉장히 싫어하게 됩니다. 그래서 MIT 연구소를 나와서 1985년에 프리소프트웨어재단Free Software Foundation을 만듭니다. 스톨만은 "해커 정신의 시발점에 있는 인물이다."라고 평가받을 정도로 자유주의적인 사상을 한껏 품고 있었습니다. 그런데이 사람의 생각을 다 받아들여 처음으로 오픈소스가 널리 퍼지게 된 것은 1991년이에요. 혼자서 모든 것을 할 수는 없지요. 마이크로소프트에서 많은 수익을 내고 있는데, 개발자들이 프리웨어에 동조하겠습니까? 그를 따르는 사람의 수는 기대보다 적었습니다.

그런데 이때 핀란드의 한 대학생이 추종자가 되어 굉장히 중요한 뭔가를 내놓습니다. 그게 바로 1991년에 나온 리눅스Linux이지요. 리누스 토발즈Linus Torvalds라는 자기 이름에 당시 가장 유명한 운영체제의 이름인 유닉스를 붙여 명명하였는데, 리눅스가 나오면서 오픈소스 해커 정신이 널리 퍼지게 되지요. 이때 굉장한 철학 논쟁이 벌어집니다. 어떻게 많은 사람들이 공짜로 모든 것을 쓰고 협업하여 무엇을 만들 수가 있느냐? 불가능하다는 주장을 하는 사람들이 많았어요. 그렇지만 오늘날에는 이러한 오픈소스 정신이 광범위하게 보급되면서 위키피디아 같은 콘텐츠 분야에도 많이 이용되고 있고, 심지어는 오픈소스 하드웨어 운동도 벌어지고 있습니다. 스톨만은 역사적으로 볼 때 굉장히 중요한 철학 논쟁을 끌어낸 인물입니다. 우리는 실리콘밸리의 문화에 대해 재고할 필요가 있어요. 실리콘밸리의 문화를 보면 첨단 서비스와 제품, 회사들만 떠오르잖아요. 그런데 그것 이상으로 중요한 게 뭐냐? 그들은 자주 모여서 많은 것을 공동으로 한다는 것입니다.

그중 구글Google이 위치한 구글플렉스Googleplex 인근의 지역문화를 살펴볼 필요가 있습니다. 거기 가면 놀고 마시고 커피 한잔하고, 이런 문화가 있습니다. 자사 사람이 아니더라도 서로 많은 것을 나누는데, 그중에서도 가장 독특한 문화가 바로 버닝맨Burning Man이라는 행사입니다. 캘리포니아 옆에 있는 네바다 주에는 사막이 무척 많아요. 그중에서 블랙록 사막이 있습니다. 그 사막에 도시 하나가 수주일간 건설되었다가 사라지는 그런 축제를 열어요. 원래 1986년에 샌프란시스코 해안가에서 히피들이 모여서 새로운 것을 창조하는 문화에서 비롯된 것인데, 이게 점점 커지니까 도시에서 할 수가 없잖아요. 그러니까 사막에 모여서 뭔가를 짓자는 걸로 시작했는데, 이 버닝맨 축제가 오늘날에는 어느 정도까지 되었느냐? 몇 주 동안 블랙록 시티를 만듭니다. 한 도시에 다양한 건물들과 함께 시장이며 방송국이며 다 생겼다가, 3주가 지나고 나면 감쪽같이 사라져요. 아무도 없는 열사의 사막에 도시가 생겼다가 완전히 사라집니다. 그런 행사인데요. 페스티벌 기간이 되면 실리콘밸리의 사람들이 싹없어져요. 왜? 다 여기에 참가하러 가는 거지요.

에릭 슈미트와 구글의 창업자인 래리 페이지Larry Page, 세르게이 브린Sergey Brin이 맺어지게 된 계기도 버닝맨이었습니다. 페이지와 브린은 1973년생이고, 에릭 슈미트는 1955년생이니까, 세대차이가 있어서 서로 이해의 폭이 있을까 의심했

답니다. 비사秘事에 따르면, "나도 버닝맨 참가자인데……."라
는 얘기가 엄청난 공감대를 형성했다고 해요. 페이지와 브린
도 버닝맨에 가서 새로운 것을 창조했거든요. 그곳에서 경쟁
사 친구들과 계속 만났던 겁니다. 이처럼 새로운 것을 만들어
내는 문화가 실리콘밸리에 있습니다. 그러니까 우리가 단편
적으로 이해하고 있는 오픈소스와 해커 정신, 그리고 구글을
엮어 내는 그런 독특한 철학과 문화가 존재하는 것이지요.

구글의 탄생으로 들어가 이야기를 좀 더 풀어 가겠습니
다. 구글이라는 회사는 어떻게 보면 단순한 회사라고 보기 참
어려워요. 저는 아직까지도 이 회사의 정체를 잘 모르겠다는
생각이 들 정도예요. 왜냐하면 마이크로소프트나 애플은 우
리가 흔히 아는 기업의 양상을 띠고 있거든요. 의사결정을 내
릴 때도 그렇고, 신규업무를 추진할 때도 그렇습니다. 그런데
이 회사는 현대 자본주의사회에서는 도저히 수긍하기 어려운
결정을 많이 해요. 참 희한합니다. 회사는 당연히 돈을 벌어야
하니, 그런 부분들을 도외시하지는 않겠지만, 기본 철학이 좀
다른 것 같습니다. 이러한 면에서 구글의 두 창업자는 비슷한
히스토리를 갖고 있습니다.

그림 5의 좌측에 있는 사람이 래리 페이지, 2011년 1월
에릭 슈미트가 물러나면서 새로 CEO로 된 사람이에요. 우측

그림 5. 래리 페이지(좌), 세르게이 브린

에 있는 사람이 세르게이 브린입니다. 둘은 스탠포드 대학에서 처음 만나서 함께 작업을 했던 동료입니다. 두 사람이 구글이라는 회사를 만들었는데요. 래리 페이지도 중요하지만, 세르게이 브린이 자란 환경을 이해하면 그의 철학이나 사고방식을 이해하는 데 도움이 되는 것들이 있습니다.

세르게이 브린은 7살이 될 때까지 구소련오늘날 러시아에서 자랐어요. 아버지가 수학 교수였고, 어머니도 굉장히 유능한 과학자였는데, 당시 소련에서는 유태인들을 굉장히 차별했어요. 소련에서는 가장 영예로운 과학 분야가 물리학이었는데,

유태인은 물리학을 할 수 없었대요. 그래서 브린의 아버지는 수학을 전공한 겁니다. 부모님, 특히 아버지가 7살짜리 아들을 소련에서 자라게 할 수 없다는 의지가 강했다고 해요. 그래서 여러 학회를 다니면서 어떻게 탈출을 할까 모색을 합니다. 그러다 들키게 돼요. 탈출 계획이 발각되어 8평짜리 조그만 아파트에서 3대가 모여 살면서 막노동을 하며 1년을 보내게 됩니다. 그러다가 천신만고 끝에 탈출을 해요.

세르게이 브린은 당시를 고스란히 기억하고 있다고 합니다. 그렇게 미국으로 와서 어떻게 되느냐? 아버지는 메릴랜드 대학의 교수가 되고, 엄마는 나사의 과학자가 되거든요. 원래 굉장히 똑똑한 집안이니까요. 그렇게 고등학생이 되었는데, 아버지가 수학여행 선물로 모스크바 여행권을 줘요. 브린이 러시아 모스크바에 방문했을 때, 여전히 억눌린 분위기를 보고 러시아 경찰에게 돌멩이를 던지려고 집어 들었는데, 친구가 급히 말려서 무사히 넘어갔다는 일화도 있습니다.

이 얘기를 왜 하느냐? 세르게이 브린은 자유와 새로운 것에 대한 열망이 굉장히 강한 사람이라는 거죠. 구글의 성장 과정을 보면 오늘날까지도 커다란 앙금을 해결하지 못하고 있는 국가가 있어요. 바로 중국이지요. 구글은 중국과 몇 년째 싸우고 있습니다. 내부 소식에 의하면 비즈니스에 밝은 에릭 슈미트와 래리 페이지는 중국 시장이 엄청나게 크다는 것을 알고 있기 때문에 합의를 하자는 제안을 내놓는다는데, 세르게이 브린은 완고하게 뜻을 굽히지 않는다고 해요. '내 목에 칼이 들어오기 전에는 절대 허용하지 못한다.'는 거죠. 그의 성장과정을 보면 그의 철학을 이해할 수 있습니다.

구글이 만든 서비스는 검색입니다. 잘 아시죠? 종전에 야후는 어땠다고 했습니까? 웹페이지의 수가 늘어나니까, 분류를 하는 사람이 생긴 것이고, 인터넷 웹페이지의 수가 예상보다 너무 빨리 늘어나니까, 인간이 감당하기 힘들어진 거예요. 그러니 이제 로봇의 힘을 빌리자, 이렇게 된 거지요. 하드웨어에만 로봇이 있는 게 아니라, 소프트웨어에도 로봇이 있거든요. 로봇을 잘 만들면 인터넷을 혼자 돌아다니며 페이지를 복사하여 가장 중요한 키워드가 뭔지 뽑아낸 후, 키워드에 대해 어느 페이지가 몇 등인지 계산을 해요. 페이지의 등수를 매기는 알고리즘이 여러 가지가 있으니까, 얘는 12등짜리, 얘는 20등짜리, 이렇게 계산을 합니다. 그리고 이 결과를 검색 키워드 서버에 저장합니다.

여러분들이 접속해서 키워드를 입력하면, 검색순위 1등부터 20등까지를 보여 주고, 21등부터 40등까지를 보여 주고, 이렇게 순서대로 보여 주는 거예요. 링크를 클릭하면 바로 해당 웹페이지로 찾아갈 수 있게도 하고, 이게 바로 검색이죠. 당시에는 이 검색엔진의 랭킹을 매기는 알고리즘과 웹페이지를 읽어 오는 로봇들의 성능이 중요했어요. 로봇 성능이나 데이터 서버, 알고리즘의 성능에 따라 수많은 회사들이 생겨나고 사라지고 했어요.

한국에서도 굉장히 다양한 검색엔진들이 나왔고 미국에서도 나왔는데, 여기서 굉장히 재미있는 게 있어요. 야후가 처음에 포털을 만들어 분류했지만, 야후도 다른 검색엔진 회사들과 마찬가지로 뭘 생각하느냐? 결국 검색이 기계적으로 자동으로 갈 수밖에 없구나, 하는 것이었어요. 그런데 구글에서 만든 기술이 뛰어나서 검색결과가 아주 잘 나왔거든요. 구글에서는 어떤 생각을 품고 있었느냐? 100만 달러만 주면 이것을 팔아넘겨야지 하는 생각을 했던 거예요. 왜냐하면 학생들이라 너무 가난했던 거죠.

그림 6은 굉장히 인상적인 사진인데요. 실제로 산호세 San Jose에 있는 컴퓨터 역사박물관에 전시된 컴퓨터입니다. 저것이 바로 첫 번째 구글의 검색서버예요. 좀 달라 보이지 않나요? 저게 왜 저렇게 되었느냐, 보드나 CPU 같은 것은 학교를 돌아다니면서 버린 것들을 주위 올 수 있잖아요. 그것을 가지고 셋업을 했는데, 케이스를 사기가 아까운 거예요. 그래서 자

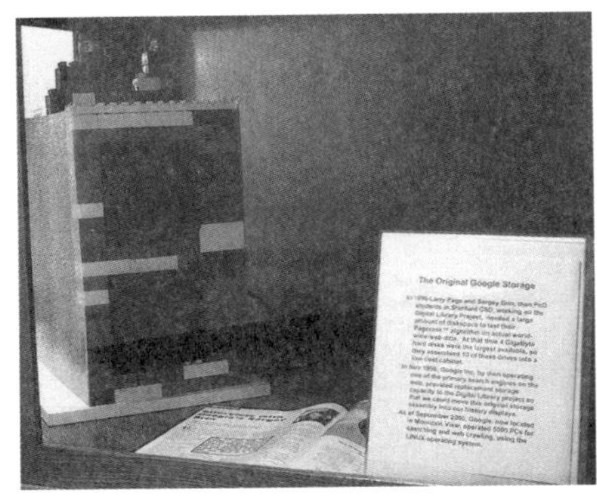

그림 6. 컴퓨터 역사박물관에 전시된 구글의 첫 번째 검색서버

기네 레고를 모아서 케이스를 쌓아올려 만들었답니다. 그러니까 저걸 보면 얼마나 어려운 환경에서 서버의 비용을 줄이려고 했는지 느껴지는 거죠. 그리고 네트워크 사용료 역시 안 내려고 학교 네트워크를 썼습니다. 스탠포드 대학의 네트워크를 쓰는데, 너무 인기가 좋으니까 학교 네트워크가 자꾸 다운되는 거예요. 그러니까 학교에서 '너희들 좀 나가 주라. 도저히 안 되겠다.'라고 했지요. 이렇게 되니까, '이제 어쩔 수 없다. 돈 주면 팔아야지.'라고 결심한 거지요.

오늘날 구글의 가치를 감안하면 100만 달러는 아주 적은 돈이잖아요. 초기 투자자한테 그것만 받아 달라고, 벤처투자자인 람 슈리람Ram Shriram에게 부탁을 했습니다. 당시 검색 엔진 기술을 가진 여러 업체가 나왔거든요. 야후가 1등이었지만, 알타비스타, 인포시크, 라이코스 등 수많은 검색엔진들이 있었습니다. 그런 회사마다 일일이 방문하여 구글의 검색엔진을 보여 준 거예요. 이렇게 검색이 뛰어난 기술이 있다, 이것 좀 사가라, 람 슈리람이 아는 네트워크를 동원한 거죠. 그런데 어떻게 되었는지 아세요? 다들 거절하고 안 사는 겁니다. 이유는 간단해요. 이것은 우리가 돈 버는 것과 상관이 없다는 거예요. 왜? 당시 이런 회사들의 비즈니스 모델은 배너 광고였거든요. 검색엔진 페이지에 와서 광고를 봐야 돈을 버는 건데, 검색결과가 일찍 나와서 클릭을 하면 광고를 볼 시간이 적으니까, 광고주들이 싫어한다는 거예요. 검색결과가 너무 빨리 나오면 안 된다는 거죠.

이렇게 되자, 람 슈리람은 굉장히 큰 결정을 하게 됩니다. 보통 사람들은 이러한 경우에 두 가지 생각을 하는데요. 첫 번째는 현업에서 가장 잘 나가는 사람들을 찾아가서 물어보니, "너희 기술은 뛰어날지 모르겠는데, 이걸로는 돈을 못 버니까 다시 생각해 봐."라고 그 이야기를 그냥 전하는 경우입니다. 아마 거의 대부분 이렇게 생각을 할 거예요. 왜? 나는 전문가가 아니니까. 두 번째는 람 슈리람 같은 경우인데, '지금 현업에 있는 사람들은 할 수 없는 새로운 걸 만들어 냈구나.'라고 알아챈 겁니다. 그래서 어떻게 했느냐? 람 슈리람이

페이지와 브린에게 개인 수표를 써서 투자를 합니다. 자기 개인 돈을 투자해서 관련된 것들을 전적으로 지원하겠다며 진행을 시키죠. 그렇게 해서 구글은 오늘날의 스타덤에 오르게 됩니다.

이제 인터넷과 지식사회 전반에 대한 말씀을 드릴게요. 웹은 다양한 사람들의 생각을 집어넣어서 창조하고 공유하며 참여할 수 있도록 만들어졌고, 그걸 쉽게 찾을 수 있는 서비스를 제공합니다. 인터넷이 가지고 있는 가장 중요한 특징이 뭘까요? PC는 새로운 것을 창조하는 히피문화를 중심으로 해서 말씀을 드렸잖아요. 인터넷은 어떤가요? 사람들이 서로 자기 것을 나누죠. 나누고 참여하고 공유하죠. '내 꺼야.'가 아니고 나랑 너랑 같이하자. 이런 협업과 관련된 이야기들이 계속 들어가 있죠. 그리고 전문성professionalism이라는 표현을 쓰는데, 전문가가 와서 전문적인 것들에 대해 자신만의 성을 쌓아요. 예를 들어 수십 년 전에 우리나라 신문의 칼럼니스트는 대부분 대학 총장님들처럼 사회적 지위가 높은 분들이었다고 합니다. 하지만 요즘에는 사뭇 달라졌죠. 누구나 기고할 수 있는 세상이 되었어요.

어떻게 그런 일이 벌어졌느냐? 예전에는 특정한 지식에

접근하기가 어려웠습니다. 박사학위를 따든가, 특정 기업에 들어가서 트레이닝을 받든가, 그렇지 않으면 그 지식을 알 수 있는 방법이 없었어요. 장벽이 있었던 겁니다. 그런데 인터넷은 어때요? 찾아보면 무언가를 도모할 수 있는 부분들이 쉽게 많이 생겨난 거잖아요. 한마디로 지식에 대한 접근성이 향상된 것이 가장 중요한 변화입니다. 그래서 인터넷이 생기면서 사람들이 생각할 수 있는 지식에 대한 접근이 과거에 비해 훨씬 쉬워졌어요. 그래서 이런 사회를 지식사회 또는 정보사회라고 부릅니다. 지난 30년의 패러다임을 한 단어로 이야기하면 그렇게 말할 수 있습니다.

PC와 관련된 이야기를 좀 더 할게요. PC의 경우에는 문서 작성이 가장 중요했다고 했죠. 워드프로세서가 만든 문서와 스프레드시트가 만든 문서, 두 종류가 있어요. "두 개 중에 어떤 게 더 킬러 애플리케이션인가?"라고 물으면 싸워요. 작가들이나 미디어 분야에서는 당연히 워드프로세서가 더 중요하다고 하고, 경제와 경영 쪽 사람들은 스프레드시트가 더 중요하다고 해요. 그런데 둘 다 문서잖아요. 웹은 어때요? 오늘날 웹도 문서예요. 팀 버너스리가 만든 그 문서는 특징 있는 문서와 그림을 다른 문서보다 쉽게 올릴 수 있고, 또 문서끼리 하이퍼링크가 있어서 연결이 가능하죠.

또 웹서버와 웹브라우저는 뭐예요? 웹서버는 남에게 내 문서를 보여 주는 소프트웨어예요. 웹브라우저는 웹서버에 올라온 웹페이지라는 문서를 보여 주는 문서 뷰어입니다. 별거 아니죠? 그리고 인터넷 검색은 뭐지요? 문서를 찾아 주는 서비스지요. 모든 게 문서와 관련이 있죠. 옛날에는 도저히 접근할 수 없었을 것 같았던 문서에 접근할 수 있도록 힘을 얻게 되었습니다. 그 가운데 지식이 있고 콘텐츠가 있기 때문에, 우리는 이것을 지식사회라고 부르는 거예요. 이 부분을 이해하지 못하면 인터넷 혁명이 일으킨 철학을 알 수 없는 겁니다. 꼭 기억하세요.

제3장에서 더 자세하게 이야기를 하겠지만, 문서 중심 사회에서 모바일과 소셜로 넘어가기 시작하면, 여러분 개개인의 힘이 강해지는 쪽으로 움직이게 됩니다. PC와 중간 단계의 인터넷에 대해 말씀드렸는데요. PC가 뭔가 새로운 것을 할 수 있는 단초를 제공했다면, 그다음의 인터넷 혁명은 다른 사람들과 함께 공유하고 참여할 수 있는 철학을 만들어 냈고, 이제 소셜과 모바일을 통해서 미래를 열어 나가는 스토리가 펼쳐질 것입니다.

한국의 인터넷에 대해서 짧게 얘기를 하고 넘어가겠습니다. 한국에서는 인터넷이 1998년부터 보급되었다고 말씀드렸죠? 소프트뱅크의 손정의 회장이 야후에 투자를 하거든요. 그래서 야후 재팬을 설립하고, 야후 코리아도 설립해요. 당시 우리나라 포털 1등은 야후였어요. 그런데 2000년에 들어 1등이 '다음'으로 바뀌어요. 무엇을 가지고 1등을 했는지 아세요? 전 국민 1인 1계정이라는 한메일이 대세였지요. 그러다가 2003~2004년의 경쟁을 거쳐 2004년에 결국 '네이버'로 넘어가게 됩니다. 요즘에는 검색이 중심이 되어서 "검색창에 OOO을 입력하세요."로 싹 바뀌었어요. 그렇죠? 이것이 오늘날의 인터넷 상황인데, 여기서 중요한 것이 있습니다. 지금 말씀드린 인터넷 철학은 어때요? 서로 나누고 공유하며, 네트워크를 통해 새로운 것을 만드는 창조적인 정신이 들어 있다고 했죠.

그런데 한국의 인터넷은 형태는 비슷하지만 알맹이가 없었어요. 그 당시를 빗대어서 '고속도로는 뚫렸는데 차가 없다.'라는 표현을 했어요. 인프라는 어떨지 몰라도 핵심 콘텐츠라고 할 수 있는 차량이 없었습니다. 그리고 이용자들이 어렵게 만든 콘텐츠를 독점하려고 했죠. 안타깝지만 우리나라의 인터넷을 주도했던 회사들은 아직도 이런 철학에서 상당 부분 벗어나지 못하고 있어요. 그동안 이런 접근방법에 문제제기를 하는 사람이 별로 없다가, 최근에 소셜이나 모바일이 나오면서 이런 부분들이 조금씩 도드라지기 시작한 겁니다. 그전에는 별 이상이 없다고 본 거예요. 다들 자기 것이라고 생각을 한 겁니다. '가두리 양식장'이라는 표현처럼, 여기 들어온 사람들을 가두어서 어장관리만 잘하면 돈을 벌 수 있다는 철학만이 지배했지요. 원래 이것은 산업사회의 철학이잖아요. 일반적인 자본주의 기업들이 하던 철학적 사고가 여전히 인터넷을 지배를 하고 있었던 겁니다. 그런데 과거에는 큰 티가 나지 않다가 요즘 들어 티가 나기 시작한 겁니다. 지금이라도 한국의 인터넷 철학을 돌아보는 계기가 되었으면 좋겠습니다.

인터넷의 개방성에는 부정적인 측면도 있습니다. 익명성의 함정이란 표현을 쓰죠. 그러니까 내가 책임을 지지 않는다는 거예요. 그러다 보니까 인터넷과 관련하여 가장 부정적인 점은 바로 악플일 겁니다. 그렇죠? 그리고 확인되지 않은 유언비어들도 속출하는데, 그와 관련해서 글을 쓰는 사람들의 마인드가 중요하다고 봅니다. 글을 쓴 사람이 쓴 글에 대해 책임질 수 있다면 문제가 되지 않습니다. 그렇다고 인터넷 실명제를 강제하는 것은 더욱 문제가 많습니다. 인터넷의 철학과 맞지 않거든요. 모든 사람들이 자연스럽게 스스로 책임진다는 마음가짐을 품고 글을 쓰는 문화가 정착되어야 한다고 봅니다.

제3장

모바일 혁명, 모바일과 소셜 혁신의 의미

여러분, 혹시 스마트폰을 가지고 계신가요? 주로 뭐하는 데 쓰시죠? 검색을 하는 데 쓰신다고요. 네, 스마트폰 2,000만 시대라고 하는데요. 제3장의 제목은 '모바일 혁명, 모바일과 소셜 혁신의 의미'입니다. 소셜과 모바일은 사실상 비슷한 점들이 많습니다. 그리고 모바일폰을 이용해서 뭔가 사용하는 프로그램들도 다 의미가 있고, 과거의 PC나 인터넷을 사용하던 것과는 사뭇 다른 철학이 있습니다. 그런 부분의 차이점에 대해 중점적으로 말씀드릴까 합니다.

제1장은 PC에 대한 이야기를 했습니다. PC는 여러 가지 의미가 있는데 우리 생활에서 문서들을 디지털화했다는 이야기를 했고요. 제2장에서는 인터넷 이야기를 했죠? 인터넷에

서 가장 중요한 것은 인터넷과 관련된 정신과 철학이라고 했습니다. 개방되어 있고 서로 엮어 낸다는 것, 참여와 협업을 바탕으로 하는 네트워크 중심의 철학이 중요하다고 말씀드렸죠. 이제 가장 최근에 변화하는 양상을 다룰 텐데요. 오늘의 주제는 모바일과 소셜입니다. 앞에서 다룬 PC나 인터넷은 익숙한 분야지만, 모바일과 소셜은 현재 진행형이라서 익숙하지 않은 분도 있을 거예요. 먼저 아래의 모바일 관련 키워드를 살펴보시기 바랍니다.

> **소셜 웹 / 안드로이드 / 페이스북 / 트위터 / 싸이월드 / iOS**
> **팔로잉 / 리트윗 / 앤디 루빈 / SNG**

(1) 소셜 웹은 종류가 무척 많아요. 소셜이라고 하면 페이스북이나 트위터를 떠올리지만 그 외에도 굉장히 많은 서비스들이 소셜의 의미를 가지고 있습니다. 이런 것들을 통틀어서 소셜 웹이라고 합니다. (2) 안드로이드는 스마트폰 중에서 애플의 운영체제와 더불어 양대 산맥을 이루고 있는 운영체제의 이름입니다. 로봇 같은 모양의 캐릭터도 큰 인기를 끌었죠. (3) 페이스북은 전 세계에서 가장 많이 사용하는 소

셜 네트워크 서비스SNS이지요. 전 세계에서 한달에 한 번 이상 이용하는 사용자 수가 이제는 9억 명, 매일 이용하는 사람이 5억 명이 넘습니다. (4) 트위터도 마찬가지로 소셜 웹 서비스라 할 수 있지만, 보다 정보 네트워크 혹은 미디어적 성격이 더 강한데요. 가입자 수는 5억 명입니다. (5) 싸이월드는 우리나라에서 가장 인기 있었던 소셜 네트워크 서비스였지요. 회원이 수천 만 명에 이릅니다. (6) iOS가 뭘까요? 안드로이드는 들어봤는데, iOS는 잘 모르는 경우가 많죠. 애플의 운영체제 이름을 iOS라고 합니다. (7) 팔로잉은 트위터에서 사람들이 구독하는 것을 의미하고요. (8) 리트윗은 들어온 정보를 사람들한테 많이 퍼트리는 것을 의미합니다. (9) 앤디 루빈 Andy Rubin은 안드로이드를 만든 사람이고요. (10) SNG는 소셜 네트워크 게임Social Network Game의 약자입니다. 소셜은 자체만으로도 굉장히 많은 것을 하지만, 그것이 인프라로 동작하여 새로운 생태계를 탄생시킬 수 있는데요. 그중 가장 먼저 성공한 분야가 소셜 네트워크 게임이 아닐까 싶어요.

여러분, 스마트폰 기능 중 가장 편리한 게 어떤 건가요? 아마도 '길 찾기'를 가장 많이 쓰실 것 같아요. 위치정보가 개인정보 노출 때문에 문제 되기도 했지만, GPS 위치정보를 받아서 어디에 맛집이 있는지 찾는 데에 많이 쓰실 겁니다. 저는 여러 가지를 쓰는데요. 일단 트위터를 많이 씁니다. 틈틈이 정보를 구하는 창구로 쓰고, 제가 구한 정보를 팔로잉하시는 분들이 계시니까 그분들을 위해서 계속 씁니다. 소셜을 이용해 미디어로 활용하는 거죠.

그러면 스마트폰과 태블릿이 과연 어떤 변화를 가져왔을까요? 여러 가지 이야기를 할 수 있겠지만, 기본적으로 개인의 힘이 강해진 겁니다. 개인이 할 수 있는 것들이 많아진 거예요. 뭔가를 입력하거나 프로그램을 마음대로 깔 수 있게 된 거죠. 그럼 스마트폰이 등장하기 이전의 시대를 떠올려 볼까요? 그전에는 휴대전화를 썼었죠? 휴대전화로 무엇을 했습니까? 멀리 있는 친구와 바로바로 전화해서 소통을 한 거죠. 여러분들이 친구와 전화를 하고 있다고 합시다. 그렇지만 실제로는 누구와 얘기하고 있는 건가요? 휴대전화랑 얘기를 하고 있죠? 휴대전화에 마이크라는 귀가 있는 거예요. 그렇죠? 친구는 누구랑 얘기를 하고 있죠? 친구 역시 휴대전화랑 얘기하고 있죠. 휴대전화에 스피커라는 입이 있는 거예요. 다시 말해 내가 휴대전화한테 얘기하는 거고, 친구도 휴대전화한테 얘기하는 거죠. 그렇다면 휴대전화는 뭘까요? 일종의 나를 도와주는 에이전트죠. 과거에는 내가 할 수 없었던 일을 대신해 주는 기계입니다. 내 능력으로는 저 멀리 떨어져 있는 친구와 대화할 수가 없었잖아요. 인간의 원래 능력을 넘어서서 멀리 있는 친구와의 소통을 돕고 있습니다. 스마트폰은 그 이상의 능력을 부가시켜 줍니다. 이 부분에 대해서는 마지막에 정리할 때 자세하게 말씀을 드릴게요.

그리고 태블릿이 있습니다. 태블릿은 뭐가 다를까요? 태블릿은 아직 스마트폰만큼 보급되지 않았는데, 써보니까 아무래도 사이즈가 크죠? 스마트폰은 휴대용이라, 동영상과 같은 콘텐츠를 보기에는 좀 작아요. 그것을 보완한 것이 태블릿인데, 7~10인치 사이즈여서 훨씬 큽니다. 아마 쓰시는 분들은 이해하실 거예요. 일반 웹페이지나 책을 볼 때 훨씬 편안합니다. 무슨 얘기냐? 태블릿은 콘텐츠 면에 최적화되어 있어요. 스마트폰은 휴대하면서 소프트웨어를 깔아서 뭔가를 설치하고 활용하는 방면에 많이 쓰게끔 되어 있고요. 태블릿은 이동 중에 혹은 집에서 편안하게 동영상을 보거나 책을 볼 때 아주 좋습니다.

이제 역사로 잠깐 들어가서 이와 관련하여 영향을 미친 사건을 소개할게요. 1장과 2장에 걸쳐 스티브 잡스 이야기를 다루었는데, 이 사람이 1986년에 애플에서 쫓겨나요. 그랬다가 1997년에 다시 복귀를 합니다. 그 뒤 여러 가지 일을 하는

그림 7. 애플 아이맥 컴퓨
터, 조니 아이브(좌)

데, 그중 가장 첫 번째로 성공한 작품이 바로 그림 7의 아이맥 컴퓨터였습니다. 이게 나오기 전까지 PC는 키보드와 마우스가 있고 네모반듯한 덩어리였거든요. 그런데 잡스가 애플에 복귀해서 굉장히 중요한 인물을 발굴해요. 바로 '디자인의 신'이라는 불리는 조니 아이브Jony Ive입니다.

잡스가 조니 아이브에게 일을 맡기게 되는데, 처음으로 본체가 없어진 거예요. 그림을 보면 투명한 플라스틱을 썼죠? 본체가 없어진 모니터에 마우스도 하키퍽처럼 동그랗게 생겼어요. 거기에 플로피 디스크도 없애 버리고, 독특한 스타일의 PC를 만들었어요. 라인 몇 개만 딱 꽂으면 바로 동작하도록 디자인한 컴퓨터를 내놓습니다. 이 부분이 중요한 철학의 변화인데요. 그러고 나서 유명한 i 시리즈가 쭉 나오게 되죠.
이 i 시리즈가 지닌 의미를 이해하는 것이 중요해요. 얼핏 보
기에는 기계 덩어리를 하나 만든 것 같지만 그렇지 않거든요.
의미가 사뭇 달라진 겁니다. 흔히 기술 관련 이야기를 하면
CDMA나 3G 같은 용어가 나올 것 같은데, 사실은 생태계란
용어가 가장 많이 등장했어요. 생태계가 뭐죠? 사람뿐 아니라
자연에 사는 생물들이 다 함께 살아가는 환경을 이야기해요.
애플의 i 시리즈가 가지고 있는 의미는 예전처럼 제품 중심이
아닙니다. 제품을 생산해서 판매하는 형태가 아닙니다. 뭔가
새로운 것들과 함께 다른 사람들, 다른 기기들, 다른 소프트웨
어들을 서로 엮어 나가는 생태계를 구성하는 것에 중요한 초
점이 있습니다.

　클라우드 서비스라는 게 있는데요. 소프트웨어나 이메
일의 내용들이 올라가서 구름 저편의 서버시스템 같은 곳에
저장을 한다는 것입니다. 사람들이 개인 정보를 많이 가지고
있으면, 서버에서도 그것을 가지고 있는 거잖아요. 그것을 잘
관리하지 않으면 프라이버시 침해 같은 게 유발될 수 있다는
거죠. 그리고 여러 중요한 생태계 중에서 첫 번째가 개발자 생
태계입니다.

　그림 8을 보시면 SDK^{Software Development Kit}라고 쓰여 있

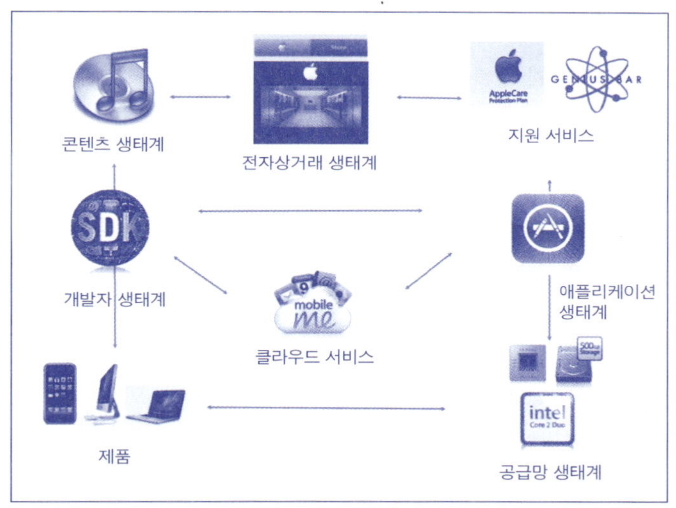

그림 8. 애플의 생태계 모델

는 곳에 개발자 생태계developer ecosystem라는 말이 있죠? 무슨 얘기냐? 컴퓨터 프로그래머가 뭔가를 할 수 있게 해 주는 것을 의미합니다. 저렴한 개발도구를 보급해서 개발자들이 쉽게 프로그램이나 앱App들을 개발할 수 있게 해 줍니다. 그리고 애플리케이션 생태계application ecosystem라는 단어도 보입니다. 이것은 개발자들이 이렇게 쉽게 만든 애플리케이션을 쉽게 올려서 판매할 수 있도록 한 것입니다. 거기에서 나온 부가가치가 여러분들의 제품에 녹아드는 겁니다. 이건 굉장히 다

른 콘셉트예요. 왜냐하면 그전에는 무슨 스마트폰이 나왔다
고 하면, 이게 원가가 얼마라고 나오잖아요. 그러면 부품 단가
는 얼마, 뭐는 얼마 해서 여기에 수익률을 좀 붙여 팔았습니
다. 우리는 상품을 살 때 원래 기계의 가치를 샀습니다.

하지만 i 시리즈 제품의 실제 가치를 살펴보면 기계의 가
치 외에 수많은 인력들이 개발한 수십만 개의 소프트웨어를
깔아서 쓸 수 있는 기회의 가치가 있습니다. 그 가치 안에는
개발자 생태계에서 집어넣은 가치가 녹아들어 있는 거예요.
그러니까 원래의 기계 가치보다 증폭된 거죠. 훨씬 더 나은 가
치를 실현할 수 있게 된 겁니다. i 시리즈는 그런 걸 만들면서
개발자 생태계를 잘 구성했어요. 사실은 애플의 스마트폰이
중요한 성공 포인트가 되었죠. 또 하나 중요한 것이 애플리케
이션 생태계인데, 이것 역시 개발자 생태계와 연결되지요. 유
료 다운로드를 받아서 앱을 살 수 있는 장터를 열어 줍니다.
소비자들은 좋은 상품이나 서비스, 프로그램을 쉽게 찾을 수
있게 되었고, 수익금이 다시 개발자 생태계로 들어가게 되죠.
그것을 구성한 겁니다.

아이패드 같은 태블릿은 콘텐츠 부분에 초점을 맞추었
다고 했잖아요. 처음에 시작할 때 전자책이나 멀티미디어 서
비스의 거래를 무척 강화했어요. 콘텐츠를 쉽게 올리고 사고

팔 수 있는 걸 내놓은 거죠. 우리나라는 아직 태블릿 보급률이 높지 않아요. 그럼에도 일부에서는 전자책을 잘 만들어서 성공하고 있는 출판사들이 나오고 있어요. 콘텐츠 세계가 얼마나 중요한지 알 수 있는 거죠. 스마트폰이나 태블릿을 이해할 때에는 특정 제품만 이해하는 게 아니라, 이것을 중심으로 어떤 구성요소가 과연 만들어지고 있는지 이해를 하는 것이 중요합니다.

구글은 잘 나갈 당시에 애플을 많이 도와줬습니다. 말이 좋아서 생태계지, 처음에는 그런 게 있었겠어요? 몇 년이 지나 자리를 잡은 거지요. 맨 처음 나왔을 때는 시장에 아무것도 없었을 겁니다. 그러니까 뭔가 조력자가 필요했겠죠. 애플은 스마트폰을 처음 기획할 때 구글에 도움을 요청합니다. 특히 에릭 슈미트와 스티브 잡스는 지근거리에 있었으니 주변 카페에서 자주 만났거든요. 실제로 커피 한잔하다가 도와 달라고 했답니다. "내가 지금 스마트폰이라는 비밀 프로젝트를 준비하고 있어. 마이크로소프트를 이기려면 너의 도움이 필요해."라고 설득을 해요. 에릭 슈미트가 "그래 좋다. 해 보자."라고 합니다. 에릭 슈미트는 당시 애플 이사회의 이사였거든요. 무척 적극적으로 도와줍니다. 구글 팀이 애플에 들어가서 애플의 스마트폰 개발에 적극적으로 관여를 해요. 검색과 위치

찾는 지도를 공급합니다. 구글의 지도 서비스가 사실상의 킬러 서비스 역할을 했어요. 처음에는 앱이 없으니까, 구글의 소프트웨어들 중에서 지도가 얼마나 신기했어요? 지금은 흔히 쓰다 보니까 반감되었지만, 휴대전화로 전화만 하다가 지도에 현 위치가 어딘지 뜨고 길을 찾아 주니 정말 놀랍잖아요. 이 지도가 킬러 소프트웨어의 역할을 하면서 많이 보급되니까, 선순환의 고리가 되었지요. 시장이 많이 열렸으니, 사람들은 개발을 하게 되고, 앱이 늘어나면서 자연스럽게 판매량도 더욱 증가한 겁니다.

여기까지는 참 사이좋은 두 형제의 스토리 같지요. 당시 구글은 애플이 이렇게 빨리 성장할 줄 몰랐다고 해요. 2007년 1월에 인터넷에 있는 것을 모바일로 옮길 때 어느 정도 역할만 하면 되겠구나 하고 도와줬는데요. 자칫하면 애플 판으로 싹 바뀌게 생겼으니, 이래서는 안 되겠다 싶었습니다. 구글은 애플의 아이폰이 나오기 전인 2005년에 스마트폰용 운영체제를 만드는 회사를 일찌감치 인수했었거든요. 그 회사를 지원해서 2007년 11월에 전격적으로 안드로이드를 발표합니다. 안드로이드를 발표할 때 어땠어요? 스티브 잡스가 완전히 삐쳤죠. 아니 어떻게 이럴 수가 있느냐? 이때부터 파경이 된 거예요. 그 뒤의 파경 스토리가 굉장히 깁니다. 애플이 모바일

광고에서 1등한 업체를 인수하려고 하자, 구글이 그것을 싹 가로채는 일도 벌어졌고요. 에릭 슈미트는 애플의 이사회에서 쫓겨났습니다. 가장 친했던 형제 회사는 이렇게 갈라지는 역사를 겪게 되었습니다.

사실 구글과 애플의 파경에 단초를 제공한 사람은 바로 앤디 루빈이에요. 안드로이드를 만든 사람인데, 루빈의 이력이 참 재미있습니다. 원래 애플 직원이었어요. 애플에서 스마트폰 이전에 PDA 소프트웨어 프로젝트가 있었는데, 프로젝트 진행 중에 당시의 애플의 사장이었던 존 스컬리John Scully가 지원을 중단해 버립니다. 그래서 "이렇게 지원을 못 받을 거면 관두고 나가서 벤처를 하겠다."라고 선언하고 스핀오프를 하여 벤처를 시작합니다. 거기서 탄생한 게 웹TV였어요. 스마트TV의 전신인데, 이 웹TV 서비스를 2001년에 마이크로소프트가 인수합니다.

그것으로 무슨 프로젝트를 하느냐? '디지털 라이프 스타일'이라고 표현하면서 이제는 PC뿐 아니라 모든 물체와 다양한 기기, TV까지도 새로운 디바이스 형태로 갈 수밖에 없다. 스마트 디바이스로 가야 한다는 기술의 단초를 제공한 것이 마이크로소프트의 얼티밋TVUltimate TV입니다. 웹TV가 그 전신이지요. 인수합병이 된 이후, 앤디 루빈은 마이크로소프트에서 2년 일하다가 퇴사하여 벤처를 또 하나 만듭니다. 이번에는 미국의 대표적인 이동통신사인 T모바일과 함께 '사이드킥'이라는 모바일 관련 프로젝트를 했습니다. 그걸 또 마이크로소프트가 인수해요. 결국 두 번이나 마이크로소프트의 직원이 되는데, 루빈은 마이크로소프트를 굉장히 싫어했어요. 철학의 문제인데요. 원래 소프트웨어는 제품이 아니었죠? 사람들이 쉽게 쓸 수 있도록 만들어 주는 이기利器였는데, 마이크로소프트가 소프트웨어를 제품화한 것이지요. 그리고 그것을 위해 1976년 이후 지적재산권을 강화하면서 오늘날의 체계가 이루어진 건데, 루빈은 그렇게 된 역사 자체를 싫어했어요. 소프트웨어는 누구나 쉽게 많이 써서 부가가치를 증폭시켜야 된다는 철학을 품었던 인물이었으니까요.

앤디 루빈은 마이크로소프트의 사상을 깨는 오픈소스 운영체제를 모바일로 만들기 위해 버클리 대학에서 일종의 실험실을 운영합니다. 그게 바로 안드로이드예요. 처음에는 소수의 인원이 모여서 만들기 시작한 이 소프트웨어를 구글이 인수한 거예요. 2년 동안 준비하다가 애플의 스마트폰이 너무 잘되는 것을 본 구글에서 전격적으로 지원을 강화하면서 탄생하게 됩니다. 그것이 바로 안드로이드의 탄생 스토리예요.

여기까지가 전체적인 역사였다면 전반적인 의미를 들여다보겠습니다. 1955년부터 수십 년의 역사 동안 나름대로 영역이 있었어요. 애플의 스티브 잡스는 양아버지가 전파상을 운영했잖아요. 그곳에서 실제로 납땜질을 하며 만드는 작업을 했다는 거죠. 원래 하드웨어를 많이 만들던 사람이니까, 하드웨어에 대한 애착이 깊어요. 물건을 만드는 것에 대한 애착이 있어서 그것과 관련된 것들에 집중했고, 이후에 출시되는 여러 제품들도 개인의 생활에 초점을 맞춥니다. 따라서 직장에서 필요한 소프트웨어보다 '나' 자신, 개인이 즐겁고 유용하게 쓸 수 있는지 여부가 더 중요하지요. MP3 플레이어도 만들었잖아요. 여기에 활발하게 음악을 거래할 수 있는 장터를 만듦으로써 쉽게 다운로드를 받아서 쓸 수 있도록 만들죠. 그런 측면에 집중했기 때문에 그 영역에서 강자가 되었습니다.

마이크로소프트는 처음에 무엇으로 시작했습니까? 베이식이라는 언어, 인터프리터를 만드는 회사로 시작해서 MS-DOS로 넘어가면서 운영체제를 만들었죠. 그리고 나서 오피스라는 최대 히트작을 내놓습니다. 워드와 엑셀, 파워포인트 등을 만들면서 소프트웨어 왕국을 건설하지요. MS가 지배한 세상은 어디냐? 바로 여러분들의 직장입니다. 업무에 도움을 주는 소프트웨어를 통해 문서의 종류를 다양하게 만들 수 있도록 환경을 조성하지요.

그럼 구글은? 구글은 인터넷상에 있는 정보를 찾아 주는 회사였잖아요. 그러니까 소비자들한테 돈을 안 받아요. 구글은 도대체 무엇으로 돈을 벌까요? 구글은 네트워크 회사이자 인터넷 회사잖아요. 되도록 많은 사용자가 자사 서비스에서 유용성을 찾으면 그들에게 약간의 세금만 거두면 된다고 생각합니다. 그 세금이 뭐죠? 광고예요. 광고를 엮어서 잘 쓰게끔 만들면, 우리는 조금씩 벌면 된다는 주의거든요.

살펴보니 영역이 다 다르죠? 나름대로 저마다의 영역에서 싸웠던 거예요. 그런데 그것이 모바일, 스마트폰 체계로 넘어가고 태블릿으로 넘어가면서 무너지는 거죠. 애플은 구글의 영역을 침범하고, 마이크로소프트는 구글의 영역을 침범하며, 반대로 구글도 애플을 침범하고, 애플도 구글을 침범하면서 더 이상 경계가 없는 거예요. 이 경계가 없어지는 현상은 단순히 여기에서만 발생한 것이 아닙니다. 다른 곳도 다 마찬가지예요.

우리나라도 요즘 그 영향을 받고 있어요. 애플의 스마트폰이 중요했던 이유는 그 자체뿐 아니라, 그 안에 깔려 있는 어떤 프로그램에 대한 기대도 있어요. 하지만 더 큰 의미는 휴대전화의 헤게모니에 있습니다. 과거에는 휴대전화의 헤게모니를 이동통신사가 쥐고 있었어요. 그런데 애플의 스마트폰이 나오면서 어떻게 바뀌느냐? 누가 이것을 제조했느냐에 따라서 이동통신사가 바뀌는 현상으로 나타납니다. 사람들이 골라 쓰는 앱스토어의 경우 종전에는 이동통신사의 서비스 마켓에 들어가서 써야 했잖아요. 그런데 이제는 전혀 관계없이 제조사가 만든 스토어에서 뭔가를 살 수 있게 했죠. 가장 중요한 사실은 계약 내용인데, 이렇게 되면서 이동통신사가 우위에 있던 구도가 처음으로 무너졌습니다.

그래서 아이폰은 우리나라에 한동안 못 들어왔죠. 그러다가 중요한 날짜가 도래했어요. 2009년 11월 28일, 아이폰이 선보인 지 2년 10개월쯤 지나서 애플의 스마트폰이 들어오는데 사실상 어떻게 되었죠? 이동통신사의 힘이 예전보다 떨어졌어요. 그리고 제조사는 나름대로의 입지를 다지기 시작합니다. 그럼 반대의 경우는 일어나지 않을까요? 반대의 경우도 나타나지 말라는 법이 없습니다. 무슨 이야기냐? 이제는 이동통신사들이 고객에게 필요한 휴대전화나 주변기기를 직접 제조하지 말라는 법도 없죠. 앞으로 이동통신사들이나 콘텐츠를 가지고 있는 인터넷 서비스 회사들이 새로운 제조사와 연대하여 새로운 상품을 내놓는 시나리오도 충분히 가능

합니다. 이미 아마존은 킨들 파이어를 통해 그런 전략을 성공시켰죠. 과거 협력 업체였던 곳이 장래에는 가장 무서운 라이벌이 될 수 있다는 상황을 이해하셔야 해요.

이제 소셜에 대한 이야기로 넘어가 봅시다. 그림 9를 보면 두 명의 인물이 있는데요. 왼쪽은 빌 게이츠의 젊었을 때 사진이고, 오른쪽은 페이스북을 창업한 마크 주커버그Mark Zuckerberg예요. 어딘지 모르게 둘이 좀 닮지 않았나요? 둘 다 유태인이고, 젊었을 때 성격이 판박이라서 대비시키고 있죠. 영화 〈소셜 네트워크〉에도 등장하는 페이스북은 하버드 대학에서 4명의 친구들이 시작을 합니다. 아이디어를 베꼈다는 루머도 있지만, 어쨌든 사람들과의 연계를 통해서 서비스를 확장하기 시작하는데, 이 회사가 소셜에서 헤게모니를 쥐게 된 요인이 있어요. 바로 자사 플랫폼을 활용해 타사 사이트에서도 쓸 수 있도록 만든 거였어요. 우리나라에서도 페이스북 이전에 소셜 네트워크 서비스가 있었는데, 전부 다 페이스북한테 밀리기 시작했습니다. 따라잡히게 된 원인은 여러 가지가 있습니다. 가장 큰 요인은 지나치게 돈 버는 데에만 집착했다는 것입니다. 특히 미국에 마이스페이스MySpace라는, 지금은 거의 몰락한 서비스가 있었어요. 그 서비스가 승승장구할 때 뉴스코퍼레이션News Corporations이라는 세계 최대의 미

그림 9. 빌 게이츠(좌), 마크 주커버그

디어 회사에 거액으로 매각합니다. 그러면서 마이스페이스는 구글과 중요한 광고계약을 거액에 맺습니다. 그런데 돈을 많이 받으려면 계약에 의해 광고를 많이 올려서 수익을 빨리 내야 하기 때문에, 몇 월 며칠까지 몇 건 이상, 몇 클릭 이상이 나와야 한다는 규정이 있었습니다. 이를 지키기 위해 사용자들이 클릭하는 곳에 광고를 올리기 시작한 거예요. 그러니까 사용자들이 짜증 나잖아요. 사용자의 경험을 침해를 하기 시작한 거예요. 대안이 없으면 쓰겠지만, 페이스북이 급부상했습니다. '짜증나는 서비스는 관두고 딴 데로 가자.'라고 하여 왕창 옮겨 가죠. 사실상 마이스페이스는 그 이후에 크게 몰락을 합니다.

그림 10의 새 모양은 단문 서비스를 하는 트위터의 로고

그림 10. 트위터 로고

입니다. 트위터를 만든 에반 윌리엄스Evan Williams는 원래 블로거닷컴blogger.com을 처음으로 만든 친구예요. 구글에 인수되면서 2년 동안 노예계약처럼 지내게 되는데, 창업자들은 창업의 피를 속일 수 없나 봅니다. 2년간의 노예계약이 끝난 후에 고민을 하다가 '오데오'라는 회사를 차렸는데 잘 안 되었어요. '이제 사업을 전부 접어야 하겠다. 맨 마지막으로 휴가나 가자.'라고 생각하지요. 그런 식으로 다들 뿔뿔이 흩어졌는데, 잭 도시Jack Dorsey라는 창업자 중 한 명이 문자 메시지로 아이디어를 하나 보냈고, '이거다! 해 보자.'라고 해서 시작한 것이 트위터입니다. 이것이 크게 성공을 해요. 트위터는 이와 같이 뛰어난 도전정신이 있었기에 탄생할 수 있었습니다. 이때 가장 중요한 게 뭐냐? 바로 사람입니다. 소셜과 모바일의 핵심은 모든 것이 사람으로 귀결됩니다.

아까 페이스북에 모인 친구들의 이야기를 하다가 말았

는데, 마크 주커버그 외에도 우리가 잘 모르는 인물 중에 크리스 휴즈Chris Hughes라는 친구가 있어요. 2007년에 굉장히 중요한 역할을 하게 되는데, 그때 그의 나이가 24~25살쯤일 거예요. 그러면 이 친구가 어떤 일을 했을까요? 바로 마이버락오바마닷컴Mybarackobama.com을 만들었습니다. 휴즈는 페이스북 시절에 오바마 캠프에서 온 전화를 받습니다. "나를 좀 도와줄 수 없겠느냐. 선거를 좀 맡아 달라." 그러니까 가장 잘 나가는 소셜 네트워크 컴퍼니가 된 창업자 중 한 명한테 연락이 온 거예요. 그 제안을 받아들인 이유가 재미있어요. 당시 24살짜리 젊은이가 뭐라고 했느냐? 돈을 떠나서 "세상을 한번 바꿔보고 싶었다."라고 이야기를 했어요. 당시의 제안을 받았을 때 오바마는 민주당 내에서도 5등 정도할 때였대요. 그러니까 민주당 내의 경선에서도 가망이 없었던 거예요. 휴즈는 그것을 받아들이고 나서 유투브 이하 소셜 네트워크와 관련된 것을 총동원해서 굉장히 많은 것을 바꿨어요. 결국에는 어떻게 되었나요? 미국의 대통령으로 만들었죠. 그래서 휴즈는 유명 잡지에 오바마를 대통령으로 만든 키드kid로 소개되었습니다. 그런데 이 친구가 더 인상적이었던 건 뭐냐? 대통령 서포터즈를 한 사람이니까 정치를 할 것 같은데, 그러지 않고 전 세계를 돌아다녀요. 특히 남미나 아프리카, 인도

를 몇 년 동안 다니죠. '세계에서 잘못된 것들을 고치려면 뭘
할 수 있을까?'를 고민하고 다닌 거예요.

그리고 돌아와서 2010년 말에 주모Jumo라는 NGO단체
를 만들었어요. "지금까지는 NGO단체를 만들면, 투자를 해
서 돈만 기부하면 된다는 식으로 생각했어요. 전 세계를 돌아
다녀 보니까 어느 나라에 뭐가 필요한지, 무엇을 도와야 하는
지를 찾아내는 것이 중요하다는 것을 알았습니다. 그래서 그
것과 관련된 사항을 연결해 주는 지원체계를 만드는 것이 가
장 중요하다고 느꼈습니다."라고 하더라고요. 그러니까 필요
로 하는 것과 도울 수 있는 사람이나 자원들을 연결하는 사이
트를 만든 거예요. 사람 기반의 소셜 네트워크를 통해서 그것
을 구현하고 있는 거죠. 이런 철학에 대해서 분명히 이해할 필
요가 있습니다.

지금까지 인터넷과 관련해서 회사 이야기를 할 때 구글
을 가장 많이 언급했어요. 그렇죠? 요즘엔 페이스북 이야기가
많이 나와요. 그래서 가장 흔히 듣는 질문 중에 하나가 이거예
요. 구글이랑 페이스북이랑 싸우면 어디가 이기느냐? 우리나
라 사람들은 이런 우문愚問들을 하는데, 어디가 이기느냐가 중
요한 게 아니라 성격이 좀 다르다는 겁니다. 저는 사람과 기계
의 싸움처럼 표현하는데요. 검색이란 소프트웨어로 만든 로

붓이 돌아다니는 거라고 했죠. 이른바 컴퓨터 알고리즘을 통해 자동 분류를 해서 가장 나은 것을 찾아 주는 거예요. 구글이 기계적인 것을 돕는 접근 방식이라면, 페이스북은 사람들을 모아서 의미를 갖는 접근 방식입니다. 그런데 구글의 문화에서 쉽지 않았던 게 엔지니어 문화거든요. 의외로 구글은 사람들을 이해하고 사람들을 따뜻하게 하는 것에 좀 서툴러요. 그래서인지, 소셜은 지금까지도 구글이 제대로 못하고 있는 분야입니다.

자, 여기까지가 전체적인 이야기고요. 마지막으로 모바일과 소셜의 철학이 무엇인지 요약하겠습니다. 저는 휴대전화를 '내 손안의 아바타'라고 부릅니다. 아바타와 똑같은 것 같아요. 다르게 표현하면 아이언맨을 만드는 것 같기도 해요. 휴대전화는 내 목소리를 절대 들을 수 없는 먼 곳에 있는 친구와 이야기할 수 있도록 만들어 주죠. 어느 날 봤더니, 휴대전화에 눈이 생겼어요. 바로 카메라죠. 그 카메라로 여러분들이 보고 싶은 것을 보고 사진을 찍으면 기록이 되죠. 멀티미디어 메시지로 보내면 서로 공유할 수도 있어요. 또 애플의 스마트폰이 나오면서 터치가 되죠. 뭐가 생긴 건가요? 휴대전화에 촉각이 생긴 겁니다. 이렇게 만지고 저렇게 만지고 두들겨 주었더니, 갑자기 다른 프로그램들이 동작을 하면서 반응하게 된 거죠. 감각이 점점 증가하고 있습니다. 지금까지는 인간이 지닌 감각을 이야기하고 있잖아요. 보는 것과 듣는 것, 냄새 맡는 것, 만지는 것 등이죠. 그런데 이제는 사람에게 없는 감각군도 생겼습니다. 휴대전화는 내가 어디에 있는지 알죠. 우리 위치를 알잖아요. 그렇죠? 이렇게 육감도 하나 생겼습니다. 앞으로 어떻게 될까요? 앞으로 아마 그런 감각이 더욱 늘어날 겁니다.

저는 두 가지 시나리오를 주로 생각합니다. 첫 번째는 인간이 할 수 없는 수준으로 감각이 발전하는 겁니다. 예를 들면 '6백만 불의 사나이'처럼 세균이 딱 보인다든지, 아니면 마이크가 고성능으로 변해서 더 미세한 소통이 가능하다든지, GPS처럼 우리가 모르는 인간에게 없던 감각을 가질 수도 있을 거란 말이에요. 또한 텔레파시처럼 무선으로 바깥에 있는 뭔가를 움직일 수 있을 것이고요. 그렇게 변화할 텐데, 다르게 표현하면 나의 능력이 강화되는 거예요. 내 아바타가 하는 일이 점점 많아지는 것은, 내가 할 수 있는 일이 많아지는 거죠. 어떤 분은 인터넷 검색을 자주 하고 있고, 또 어떤 분은 이메일을 쓰고 있잖아요. 이는 결국 자기 자신의 생산활동에 벌써 이 아바타를 쓰고 있는 겁니다. 그렇죠? 그 활용의 가능성은 점점 더 확대될 겁니다. 이것이 바로 모바일이 가지고 있는 진정한 변화입니다. 내가 할 수 있는 일이 훨씬 많아졌고, 과거보다 나의 능력이 강해졌다는 거지요.

그럼 소셜은 뭐냐? 개인의 네트워크, 사람들의 네트워크입니다. 그 중심에 사람이 있다는 거, 더 이상 문서가 중심에 있는 게 아니죠. 인터넷 혁신만 하더라도 어땠어요? 쉽게 문서를 찾아서 접근할 수 있느냐 여부였잖아요. 생산성이 더 좋아지고 나빠지고 이런 게 문제였는데, 소셜은 사람들이 모여서 무슨 일을 할 수 있게 된 것입니다. 사람들이 모이니, 소비자가 강해지는 거죠. 제4장에서 자세히 언급하겠지만, 결국에는 모바일과 소셜이 가지고 있는 의미를 이해하는 것이 중요합니다. 힘이 강해진 개개인들이 네트워크를 구성하는데, 전에는 어떤 회사와 조직에 갇혀서 특별한 행동을 못했던 사람들이 다 같이 소비자의 입장에서 뭔가를 할 수 있는 체계로 바뀌어가는 거죠. 그것이 모바일과 소셜 혁신의 가장 큰 의미입니다.

소셜 혁신의 순수한 열정과 관련해서 페이스북의 마크 주커버그의 에피소드를 마지막으로 소개하겠습니다. 주커버그가 요즘처럼 뜨지 않았을 때, 야후에서 엄청난 거액으로 페이스북을 인수하겠다는 제안을 했습니다. 그런데 그는 쉽게 거절하거든요. 그 이유는 아주 단순했어요. "나는 친구들과

이 서비스를 더 키우고 싶었던 열망이 있었을 뿐이지, 큰 거액을 만지겠다는 생각은 갖고 있지 않았습니다."라고요. 물론 진심일까 의심할 수도 있겠지만, 저는 정말로 그럴 수 있겠다는 느낌을 받았어요. 사회에 대한 변화를 꿈꾸며, 자기의 일에 보람을 갖고 있다는 느낌을 이들에게서 받았습니다.

미래를 만드는 제2의 산업혁명

제1장과 2장에서는 과거의 이야기를 했고, 제3장에서는 현재의 모바일과 소셜에 대한 이야기를 했잖아요. 이번 장에서는 앞으로 어떻게 변화할지, 미래에 대한 이야기를 하겠습니다. 제가 생각하는 미래의 변화는 현재 진행형인 모바일과 소셜이 진화하여, 우리가 잘 아는 전통산업에 커다란 혁신을 일으키는 것으로 봅니다. 그래서 제조업이나 서비스업, 유통업 분야가 구체적으로 어떻게 바뀔지에 대해 초점을 맞추겠습니다.

제4장의 제목은 '미래를 만드는 제2의 산업혁명'이라고 지었습니다. 사실상 미래를 그려 낸다는 게 참 어려운 일이에요. 너무 먼 미래를 논하는 것은 완전히 뜬 구름 같을 것이고

요. 그래서 비교적 근미래로 방향을 잡았습니다. 지금까지 IT
의 변화를 말씀드린 것처럼, 이 변화가 과연 장래의 우리 산업
에 어떻게 영향을 미칠지 이야기를 풀어 보겠습니다. 이번에
도 서두에 몇 가지 키워드를 중심으로 살펴보겠습니다.

3D프린터 / 프로슈밍 / 롱테일 / 바이럴 현상 / 소셜 화폐
에스프레소 북머신 / 패버 / 소셜커머스 / 플립보드 / 넷플릭스

　(1) 3D프린터는 2D프린터의 업그레이드 버전입니다.
전자 문서를 종이로 프린트하면, 그것이 2D프린터죠. 그런
데 3D는 3차원으로 인쇄하는 거지요. 3D모델을 집어넣어서
인쇄하면, 물체가 찍혀 나오는 게 3D프린터입니다. (2) 프로
슈밍Prosuming은 무언가를 생산하는 Produce에 소비라는 뜻의
Consume이 합쳐진 단어예요. 그러니까 종전에는 만드는 사
람과 소비하는 사람이 별개였는데, 이제는 더 이상 별개가 아
니라 만드는 사람이 소비도 한다는 의미로 받아들이면 됩니
다. (3) 롱테일Long Tail은 Fat Head와 Long Tail, '머리는 뚱뚱
하고 꼬리는 가늘고 길다'에서 유래했는데요. 어떤 상거래든
지 판매를 할 때 보면, 베스트셀러 위주의 대량 판매를 중심

으로 상거래가 형성되거든요. 그런데 유심히 보면 공룡의 꼬리처럼 소량 판매되지만, 여러 개를 모아서 집계하면 그 규모가 생각보다 큽니다. 롱테일은 그동안 유통에서 경시되었는데, 생각보다 많은 의미와 가치가 있다는 것이지요. (4) '바이럴viral 현상'은 바이러스virus라는 단어에 형용사형 -al을 붙인 것으로, 바이러스와 같은 현상이라는 뜻이에요. 구제역 파동을 보면, 별것 아닌 거 같은데 굉장히 빨리 번지면서 다른 곳으로 퍼지잖아요. 바이러스의 전염성 때문에 그렇습니다. 우리 인간들도 그런 경향이 있어요. 한 사람이 옆 사람에게 정보를 얘기했는데, 그 사람이 또 누구한테 말을 해서 마치 전염병이 퍼지듯이 전파되는 현상을 바이럴 현상이라고 해요. 요즘 마케팅 홍보 분야에서는 WOMWord of Mouth이라는 말로도 이야기합니다. 우리말로 하면 입소문의 힘이라고 하죠. (5) '소셜 화폐'는 상당히 독특한 개념입니다. 트위터나 페이스북, 포스퀘어Foursquare를 할 때, 트윗을 날리거나 '좋아요Like'를 하거나, 체크인Check-in 등의 행위를 하게 되지요. 이런 행위 하나하나가 여러분들의 소셜 활동이잖아요. 그 활동을 화폐로 바꿔 주면 소셜 화폐가 됩니다. 트위터에 하나 쓰고, 페이스북에 하나 쓰고, 포스퀘어에 왔다 갔다 하는 것들을 모아서 포인트로 만든 후에 진짜 돈으로 바꿔 주는 서비스

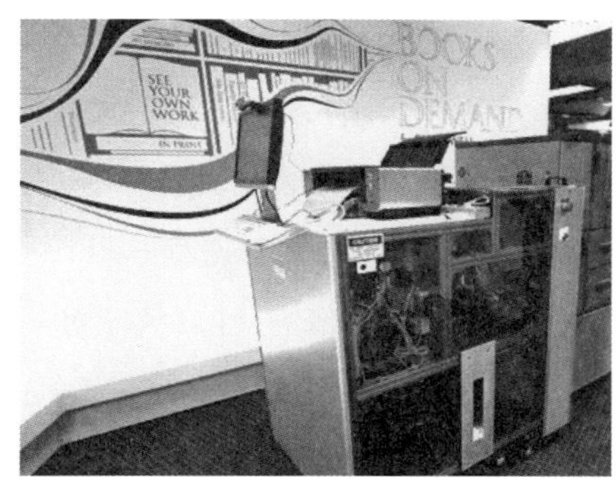

그림 10. 에스프레소 북머신

도 있어요. 마치 가상머니처럼 생기는 건데, 이런 것을 소셜 화폐라고 부릅니다.

(6) 그림 10의 에스프레소 북머신The Espresso Book Machine은 실제로 책을 만드는 기계입니다. 전자책을 찍으면 제본까지 해서 나와요. POD Print on Demand 중에서 가장 대표적인 기계가 바로 에스프레소 북머신입니다. (7) 패버Fabber는 디지털 패브리케이터digital fabricator의 속어인데, 사실 굉장히 어려운 개념이에요. 다른 표현으로 'Desktop Manufacturing'이라고 불러요. 책상 위의 제조업. 그러니까 종전의 공장은 넓은 부지에 큰 시설을 놓고서 수백 명을 고용해서 제품을 만든다고 생각했는데, 패버는 뭐냐? 저런 공장을 책상 위에 올려놓고 제품을 만드는 거죠. 아까 3D프린터도 이런 패버의 일부

가 되는 겁니다. (8) 소셜커머스Social commerce는 소셜을 인프라로 해서 전자상거래를 하는 거죠. (9) 플립보드Flipboard는 아이패드에 있는 킬러앱 중 하나입니다. 소셜을 미디어로 하여 콘텐츠를 소비하는 새로운 경험을 창조한 앱인데요. 요즘 굉장히 인기를 끌고 있죠. 나의 트위터 친구, 페이스북 친구, 지인들이 본 뉴스를 중심으로 진짜 잡지를 보듯이 구성해 줍니다. 연결은 소셜 인프라를 이용했지만 읽는 경험은 새로운 형태의 잡지를 보는 것 같아요. 플립보드 사는 3년 만에 회사 가치가 2,000~3,000억 원 정도 되고, 5,000만 달러의 투자를 받았답니다. 그러니까 새로운 형태의 미디어콘텐츠 소비와 관련된 소프트웨어입니다. (10) 넷플릭스Netflix는 요즘 미국에서 창의적인 인재들이 선호하는 회사로 꼽힙니다. 처음에는 비디오 렌탈 회사의 모델을 만들기 위해서 DVD를 우편으로 신청하면 최신 영화를 보내 주는 사업으로 출발했습니다. 지금은 온라인상에서 보여 주는 것으로 영역을 넓혔는데, 모든 스마트 TV에는 넷플릭스 앱이 거의 다 들어갑니다. 넷플릭스에 주문을 하면 이것저것 시청할 수 있도록 만든 회사입니다. 자, 여기까지입니다. 사실 이번 키워드는 생소한 것들이 많아 설명이 길어졌습니다. 처음 접하는 키워드도 많을 거예요. 그만큼 미래에 대한 이야기는 다소 생소하다는 거지요.

본격적으로 이야기에 들어가기에 앞서서 미래경제학을 먼저 언급하겠습니다. 저는 미래에 대한 경제학을 나노경제학이라고 표현해요. 경제학에서 가장 전통적인 교과서는 크게 둘로 나뉘어요. 거시경제학Macro Economics과 미시경제학Micro Economics. 그런데 모바일과 소셜의 가장 중요한 단위는 회사가 아니라 개인 한 사람이라고 했죠? 기존의 경제학에서 다루었던 단위보다 훨씬 작습니다. 미시경제학이 마이크로인데 그보다 더 작아야 하잖아요? 그래서 나노경제학이라고 이름을 붙인 겁니다. 마이크로보다 더 작은 게 나노거든요. 그 세 가지 원칙으로 프로슈밍과 롱테일, 바이럴을 골랐는데요. 이 개념을 이해를 하는 게 굉장히 중요합니다. 앞으로 계속 나올 개념이거든요.

첫 번째 프로슈밍부터 이야기를 하겠습니다.

프로슈밍의 상대 개념이 있어야 하는데요. 오늘날 경제학과 관련하여 산업혁명 이후에 나타났던 사회의 형태를 보면 대량생산mass production이 중심이 되었어요. 대량생산과 함께 만들어진 물건을 신속하게 수송하기 위한 체계가 중요한 역할을 했습니다. 현대 산업사회를 일으킨 150년 전 가장 중요한 핵심변화가 뭐였느냐? 두 가지를 꼽을 수 있는데요. 첫째는 지구가 엄청난 시간 동안 축적한 고효율 에너지를 이용해서 기계적인 에너지로 바꾸는 증기기관, 그리고 이를 이용해서 옛날보다 훨씬 쉽게 대량으로 생산을 할 수 있게 된 대량생산 체계를 들고요. 둘째는 고속도로와 철도가 뚫리면서 신속하게 배송할 수 있게 된 인프라 시스템을 듭니다. 별것 아닌 거 같아도 교통 인프라가 중요해요. 예를 들어 거대한 농장이 있어도 철도나 고속도로가 없으면 수확한 곡물을 멀리까지 배송할 수가 없어요. 그러면 소비가 안 되잖아요. 그래서 이와 관련된 산업혁명의 가장 중요한 개념을 대량생산이라고 하죠. 당시만 하더라도 생산자가 몇 곳 안 되고, 회사들이 생산수단을 소유를 했으니까, 몇 군데서 대량으로 제품을 생산해서 마케팅과 영업을 하면서 판매하는 형태로 갈 수 있었습니다. 현대의 산업사회도 이와 별반 다르지 않은 시스템으로 돌아갑니다.

그런데 나노경제학에서는 중요한 개념이 프로슈밍으로 바뀌었어요. 예전의 대량생산 체계에서는 생산자와 소비자가 서로 다른 사람입니다. 생산자는 물건을 만들어서 팔고, 소비자는 물건을 샀지요. 그리고 그것을 유지, 보수, 관리하는 애프터서비스 계약이 되어 있으면 관리를 해 주었어요. 그런데 프로슈밍의 세계에서는 달라집니다. 생산에 소비자가 참여를 하는 거예요. 대표적인 회사가 레고인데, 레고에는 3D 모델

빌더라는 소프트웨어가 있어요. 그것을 다운로드받아서 소비자가 가상으로 조립을 해요. 그러고 나서 그것을 모델로 등록하면 다른 사람이 그것을 살 수도 있고, 내가 다시 살 수도 있지요. 참 신기하지요?

미국의 블랭크레이블Blank Label이라는 회사는 남성용 와이셔츠만 전담으로 만드는 회사입니다. 이 회사는 기본 디자인 와이셔츠에 소매에는 이 색깔을 넣고, 단추에는 저 무늬를 넣고, 이렇게 하나하나 고른 후에 이름을 새기고 세팅을 하면, 그것을 2~3주 내에 제품으로 만들어서 보내 줍니다. 셔츠 가격이 30~40달러 정도 하는데요. 직접 디자인을 해서 생산 과정에 참여할 수 있다는 장점이 있습니다.

심지어는 로컬 모터스Local Motors라는 회사는 자동차 제조 시스템을 갖추고 있어요. 오픈소스 형태로 해서 자동차 설계도를 개방하거든요. 사실 디자이너들의 가장 커다란 꿈 중 하나가 자동차 디자이너가 되는 겁니다. 자동차 디자이너가 되기를 원하는 사람들 중에 몇 퍼센트가 꿈을 이루는지 아세요? 30퍼센트가 안 된대요. 70퍼센트는 자동차 디자인을 하고 싶어도 못하고 있죠. 그 점에 착안하여 커뮤니티를 구성해서 1만 명이 넘게 모인 커뮤니티에서 디자인 콘테스트를 한 거죠. 가장 잘 나온 디자인을 뽑아서, 실제로 자동차를 만들 수 있도록 부품 회사와 연결한 후에 500~2,000대 선주문을 받습니다. 그리고 각 지역으로 부품을 조달해서 보내 줍니다. 그러면 어떻게 하느냐? 주문한 사람은 자기 지역의 작은 공장에 가서 열심히 자동차를 만드는 거예요. 직접 자신이 생산에 참여해서 내 자동차를 얻는 거지요. 그러니까 예전에는 소비와 생산이 분리되었는데, 이제는 더 이상 그렇지 않다는 겁니다.

트위터도 일종의 프로슈밍입니다. 제가 TV나 신문을 보기는 하지만 세상을 다 볼 수는 없잖아요. 이때 신문들이 나에게 필터 역할을 해 주는 겁니다. 세상을 바라보는 필터, 그렇죠? 나는 기자들이 작성한 기사를 읽으면서 세상을 보는 거잖아요. 그런데 신문마다 색깔이 다양해요. 빨간색 필터도 있고 파란색 필터도 있고, 별게 다 있는 거예요. 그런데 내가 거기에 무엇인가를 적극적으로 할 수 없으니 아쉽지요. 물론 독자 투고가 있지만, 그것은 아주 작은 부분이잖아요. 그런데 트위터는 소셜 네트워크 서비스이지만 일종의 미디어이므로, 내가 원하는 사람들의 트윗을 팔로잉이라는 행위를 통해 구독하는 겁니다. 내가 누군가의 트위터를 팔로잉하고 구독했다는 것은 그 사람이 세상을 바라보는 것을 본다는 거예요. 달리 표현하면 트위터 안의 세상에서, 그분들의 글을 통해 세상을 보는 거죠. 그런데 이 필터는 신문들과는 달리 내가 조직해요. 예를 들어 100명, 200명 구독을 쭉 하겠지요. 제가 좋아하는 기자도 있을 거고, 친구도 있을 거고, 워싱턴포스트나 뉴욕타임즈 같은 매체도 있겠죠. 그 네트워크의 조합이 바로 내가 세상을 바라보는 필터가 되는 거잖아요. 여기까지는 '아, 사람을 기반으로 필터가 바뀌었구나.'라는 정도일 텐데, 그게 왜 프로슈밍하고 연결되느냐? 신문은 어쨌든 공급자와 생산자가 분리되어 있어요. 신문을 팔고 사면 끝입니다.

그런데 트위터는 다릅니다. 저는 제가 좋아해서 트위터로 구독해서 보는 리스트List 그룹이 있어요. 대개 아침 6~8시에 400~500개쯤 되는 짧은 글과 링크를 이 리스트를 통해서 봅니다. 오래 걸리진 않아요. 신문을 읽을 때처럼 훑어보다가 간혹 더 자세히 살펴봐야겠다 싶으면 링크를 눌러서 열어 보겠죠. '아, 이런 것도 있구나.' 읽으면서 어떤 것은 스크랩하기도 하고 어떤 것은 더 찾아보기도 합니다. 그런데 그중 일부는 나 혼자 보기엔 너무 아까운 게 있어요. 그럼 어떻게 하지요? 그중의 일부를 한글로 번역한 후에 제목을 달고 원문 링크를 달아서 다시 써요. 그러면 제가 생산자가 된 겁니다. 아까 필터를 써서 읽을 때만 해도 저는 정보 소비자였잖아요. 그런데 그것을 읽고 나서 다시 요약을 해서 링크를 달고 글을 쓰면 어떻게 됩니까? 제가 생산자가 되었죠. 바로 제가 프로슈머인 거죠. 저를 트위터에서 팔로잉하는 사람들이 5만 명이 넘는데, 그분들은 저를 정보의 필터로 쓰고 있는 거잖아요.

거기에 한 가지가 더 있어요. 어떤 사람들은 정보를 받아서 따로 글을 쓰지는 않지만, 해당 글이 너무 좋아서 리트윗을 눌러 확산만 시켜요. 그 사람들은 퍼트리기만 하니 유통자가 된 거죠, 그렇죠? 그러니까 옛날의 신문은 기삿거리를 가져다가 기자들이 생산을 한 후에 배급소에 가져다주면, 신문배달 소년들이 다시 배달해야 했지요. 지금 상황은 어떻게 되었어요? 우리가 스스로 취재하고, 글을 읽고, 생산도 하지요. 어떤 사람들은 알리기 위해서 유통까지 합니다. 어때요? 다들 참여하는 겁니다. 이것은 굉장히 중요한 차이입니다. 바로 프로슈밍의 원칙이에요.

두 번째 롱테일입니다.

롱테일은 뭐냐? 잠깐 언급했지만 전에는 베스트셀러와 랭킹에 집착했지요. 가장 인기가 많은 히트곡이 뭐냐, 여기에 모든 유통이 집중되어 있었어요. 왜 그럴까요? 물리적인 한계 때문이지요. 예를 들어 수많은 영화를 만들어도 극장에서 상영되는 영화는 몇 퍼센트 안 된다고 하거든요. 극장의 스크린 수가 제한되어 있으니까, 어쩔 수 없는 거예요. 극장주는 소수만 관람할 영화를 올리면 적자가 나니까, 흥행될 만한 영화를 선별하여 올리는 거죠. 마트의 선반에 진열되는 상품도 마찬가지입니다. 후보는 10개인데 2개 정도만 올라갈 수 있으니, 어쩔 수 없죠. 방송도 마찬가지입니다. 방송은 시간 다툼이지요. 정규 시간이라는 시간의 희소성 때문에 그것에 맞추기 위해 편집을 하는 건데, 2시간을 촬영해도 10초만 방영될 수도 있어요. 희소성 때문이니 어쩔 수 없는 거예요. 그런데 만약에 그것을 어딘가에 올려서 항상 보고 들을 수 있으면, 이야기가 달라지죠. 그것을 처음으로 시도한 곳이 아마존이었습니다.

아마존의 대표 상품은 서적입니다. 과거에 미국의 오프라인 서점에서는 진열되어 있는 책만 팔았잖아요. 창고 재고는 판매할 수 없으니 제외하고, 진열된 서적들이 몇 종인지 계산해서 판매 데이터를 산출했어요. 전체 종수가 50만 종 되는데, 실제로 오프라인 서점에 진열할 수 있는 종수는 2~3만 종밖에 안 되었답니다. 사실상 판매가 이루어지는 종수는 딱 그만큼인 것이죠. 그런데 아마존의 총매출을 살펴보면 2~3만 종의 기존 오프라인 상거래의 매출은 절반이 안 돼요. 그러니까 나머

그림 11. 아마존

지 47~48만 종은 종수가 많다 보니까 한두 부만 팔려도 티끌 모아 태산인거죠. 이것을 합쳐 놓으니까 아마존 총매출의 절반이 넘었던 겁니다. 따라서 예전에는 없었던 부분의 유통마켓이 생길 수 있다는 거예요. 대응되는 개념이 뭐냐? 저는 3M이라고 표현을 하는데요. 아까 말한 대량생산mass production과 대량 유통mass distribution입니다. 유통자가 있어서 유통을 통제하는 것인데, 방송사도 대표적인 대량 유통자 중 하나입니다. 이러한 시스템에서는 콘텐츠들을 한데 모아서 일정한 시간 내에 내보내잖아요. 그런 유통 플랫폼이 강했었는데, 그 부분에서 다양한 구멍들이 생기기 시작하면서 티끌모아 태산으로 새로운 유통이 가능하게 된 것이 바로 롱테일입니다.

세 번째 바이럴입니다.

바이럴 역시 미디어의 변화가 많은 영향을 미치는데요. 예전 같으면 광고나 정보를 생산해서 대중에게 뿌려 줄 수 있는 절대적인 미디어가 있었죠. 따라서 전통산업과 관련된 마지막 3M은 바로 매스미디어mass media입니다. 다시 말해 3M은 생산과 소비, 유통, 영업 방법과 마케팅인 거죠. 대중에게 지식과 감성을 전파하는 것을 예전에는 소수의 미디어가 했는데요. 이제는 여러분 한 사람, 한 사람이 모두 미디어가 될 수 있습니다. 바로 소셜미디어지요. 옛날 신문을 보면 구인구직

부터 부고 소식까지 다루었습니다. 신문에 내지 않으면 알릴 방법이 없었어요. 그래서 아주 조그만 광고들이 무척 많았거든요. 그런데 지금은 변하고 있죠? 왜냐? 소비자가 나름의 미디어들을 가지고 있기 때문에, 소비자의 힘이 세졌어요. 왜? 내가 입소문을 잘못 퍼트리면 순식간에 퍼져나갈 수 있는 거니까요. 예를 들어 특정 기업에서 불량품을 제작했다고 이야기를 하면, 예전에는 신문사나 방송사에 가서 제보를 해도 보도될 방법이 없었지만, 지금은 어때요? 보도되는 것을 막았다는 소문이 퍼지면서 더욱 확산되지요. 한마디로 개개인이 미디어 파워를 소유하게 된 겁니다. 그리고 이슈에 따라서 타인의 공감대를 끌어낼 수 있다면 바이러스처럼 더욱 확산되는 거예요. 이것이 바이럴 현상입니다. 이 세 가지는 미래를 끌어가는 가장 중요한 원칙입니다.

그러면 이러한 원칙하에서 미래는 어떻게 변하게 될까요? 저는 근미래에 중요하게 보는 몇 가지 업종이 있는데, 그중에서 제조업의 변화에 관심이 많습니다. 제조가 많이 변할 겁니다. 지금까지 IT 발전의 역사를 저는 가상계에서 놀았다는 표현을 쓰는데요. IT가 아무리 발전했어도, IT가 실제로 나의 생활이나 우리 사회에 근본적인 영향을 미쳤다고 보는 분들은 생각보다 많지 않아요. 나름 편리해지긴 했지만, 큰 영향을 받은 분들은 대부분 IT 관련 종사자가 아닐까 싶습니다. 이 분들을 제외하고 특히 전통산업에 종사하시는 분들은 별 관심 없이 우리 세상은 원래 산업사회가 된 이후의 형태가 거의 그대로 유지되고 있다고 생각하는 듯해요. 그런데 이제 이러한 사고가 변한다는 것에 핵심 포인트가 있습니다.

이번 장의 서두에서 에스프레소 북머신을 소개했죠? 1~2억 원이라는데 실제로 미국의 몇몇 종합대학교는 이 북머신을 구비해 놓았습니다. 어떻게 하느냐? 여러분, 대학에 다닐 때 복사 많이 하셨죠? 그런데 요즘 도서관은 종이책보다 전자책을 선호합니다. 물론 도서관에 가서 책을 빌릴 수는 있지만, 도서관은 장서藏書의 수를 줄이고 전자책 관련 권리를 사 옵니다. 전자책이니까 PDF나 epub 파일이겠지요? 그럼 검색을 해서 찾은 후에 도서관에 가서 책을 빌려야죠. 그때 어떤 서비스가 제공되어 있느냐? 북머신을 이용해서 책을 바로 찍는 거죠. 에스프레소가 커피잖아요. 커피 한잔 마실 시간에 책이 털렁 튀어나와요. 3~8분쯤 걸리고 복사비보다 훨씬 싸더라고요. 300페이지짜리 책이 툭 튀어나오는데, 얼마를 받나 했더니 5~8달러를 받아요. 그러니까 굉장히 쉽게 찍혀 나오는 거죠. 제 생각에는 머지않아 저작권자와 협의를 거쳐, 일부 출판사들은 이런 시스템을 도입할 것 같아요. 예를 들어 커피 전문점 등에 시스템을 구비해 놓고, 그 출판사나 유통업체의 E-book을 쉽게 다운로드받을 수 있도록 하는 거죠. 만약에 이 책을 집으로 가져가서 더 읽고 싶으면 3,000원을 추가하여 프린터로 책을 찍는 옵션을 한다든지, 이런 서비스가 나올 수도 있는 거죠.

뭐 생각나는 거 없으세요? 옛날에 사진을 찍으면 필름 인화소에 가져가서 암실에서 인화를 했었잖아요. 그렇죠? 그 다음에 '52분 인화'에 필름을 맡기면 금방 찍어 주는 게 나왔었죠. 요즘은 어떻게 되었어요? 그냥 디카로 찍고 잉크젯 프린터로 프린트하죠. 그 단계로 진입하는 거예요. 3D프린터도 같은 개념인데, 굉장히 놀라운 변화입니다. 지금 3D프린터의 가격이 떨어지면서 시장 규모가 커진 겁니다. 실제로 영화 〈아이언맨2〉의 제작과 관련한 에피소드가 있어요. 영화를 촬영할 때에 소품들을 챙기는 것이 예삿일이 아니잖아요. 특히나 〈아이언맨2〉 같은 영화는 소품이 여간 복잡하지 않습니까. 등장인물에 따라 피팅이 잘되어야 하는데, 특히 손이나 신체의 사이즈가 많이 달라서 굉장히 맞추기 어려웠대요. 그래서 어떻게 했느냐? 촬영 당일 4시간 전에 3차원 스캐닝을 한 다음에 바로 3D프린터로 찍은 후 색칠까지 해서 촬영했다고 합니다.

이것은 사실 예전부터 있었던 겁니다. 주로 자동차를 생산하고 건축물을 지을 때, RP라고 부르는 래피드 프로토타이핑Rapid Prototyping 작업을 통해 목업mockup을 찍어 냈거든요. 당시 이 기계가 수억 원씩 했어요. 그러니까 일반 사람들은 수십만 원을 주고 목업을 찍어 낼 일이 없잖아요, 그렇죠? 그런데 이 기계의 가격이 떨어집니다. 최근 HP에서는 2,000만 원까지 낮추는 작업을 했는데요. 한국에서는 단색의 경우 90만 원, 미국의 메이커봇에서는 2색 프린터를 170만원 정도에 구할 수 있다고 합니다. 여러분, 스캐너가 상용화되어 출시되었을 때 얼마였는지 아세요? 1억 원씩 했어요. 지금은 얼마일까요? 7만 원, 8만 원? 게다가 복합기 형태로 부품화되었죠. 레이저 프린터도 수천만 원이었다가 지금은 10~20만 원 하죠? 지금 3D프린터가 HP 모델 기준으로 2,000만 원이라고 했잖아요. 이미 저렴한 것들은 100만 원 이하로 떨어졌습니다. 그럼 어떻게 되겠습니까? 여러분도 쉽게 구해서 책상 위에 올려놓고 쓰게 될 겁니다. 재미있게도 최근에는 아래에 컨베이어 벨트를 달아 놓은 것도 있어요. 3D모델을 넣으면 계속 찍어서 떨어뜨리고, 찍어서 떨어뜨리고 하는 거예요. 일종의 대량생산 개념입니다.

최근에는 인터넷과 연결해 3D인쇄를 주문받고 만들어 배달하는 회사가 많이 생겼어요. 예를 들면 얼마전 찍어낸 물체의 갯수가 100만 개를 돌파했다는 쉐이프웨이스Shapeways라는 회사가 있습니다. 네덜란드 회사였다가 최근에 투자를 받고 뉴욕으로 옮겼는데, 뭐든지 다 찍어 내요. 스테인리스, 고무, 플라스틱 등 재료를 가리지 않고 3D모델을 그려 넣으면 찍어서 전 세계에 배포해 줘요. 어떻게 이것이 가능할까요? 이 회사는 굉장히 좋은 3D프린터를 가지고 있기 때문입니다. 여기서 중요한 게 뭐냐? 결국에는 이런 제조 부분들도 점점 사용자들이 프로슈밍할 수 있도록 변화하기 시작했다는 겁니다. 제품의 수준은 일정 수준 이상으로 점점 발전하고, 가격은 점점 떨어지고 있습니다.

햄버거 업계에도 그런 게 나왔어요. 포푸드4food라는 회사인데요. 햄버거 요식업체로는 최초로 벤처투자를 받은 회사예요. 어떤 특징이 있길래 투자를 받았을까요? 일단 만들 수 있는 햄버거의 종류가 1억 5,000만 가지나 된대요. 저도 처음에는 이해가 안 되었어요. 어떻게 하면 그렇게 되는지 궁금했는데요. 빵이 수십 개, 치즈가 수십 개, 채소 종류가 또 수십 개, 또 고기 종류가 여러 개, 생선 종류도 여러 개, 그것을 곱하니까 1억 5,000만 가지가 된다는 거죠. 메뉴를 구성하기 어렇겠죠. 그래서 어떻게 하겠어요? 각자가 햄버거 빌더라는 소프트웨어를 이용해서 이 중에서 골라서 조합을 합니다. 그러면 내 메뉴를 만들 수 있어요. 이렇게 만들면 5~10달러짜리 햄버거가 나옵니다 그렇게 주문하면 한 시간 뒤에 찾을 수 있다고 해요. 여기까지라면 그다지 대단해 보이지 않지요. 하지만 포푸드는 여기에서 한 발 더 나아갑니다. 이 회사는 그렇게 만든 햄버거가 처음 만들어진 조합이라면 '메뉴'에 등록을 해 줍니다. 예를 들어 '정지훈 버거'라고 이름 붙여서 등록을 해요. 그러면 해당 햄버거를 내가 살 수도 있지만, 다른 사람도 사는 거죠. 그럼 어떻게 될까요? 하나 팔릴 때마다 나한테 25센트씩 적립이 됩니다. 어찌 보면 당연한 겁니다. 각각의 개인이 포푸드를 위해서 메뉴 개발을 하게 되었지요. 그리고 영업도 할 겁니다. "이왕이면 내가 만든 햄버거를 먹어 봐."하면서 다른 사람들한테 이야기하지 않겠습니까? 기가 막힌 프로슈밍이죠? 포푸드는 이렇게 해서 개점하자마자 대성공을 거두었어요. 그런데 문제가 있었습니다. IT에서는 드문 문제인데, 주문이 몰려서 햄버거를 주문한 지 2시간이 지나도 안 나오는 거예요. 이런 문제를 해결하기 위해 벤처 캐피탈을 통해 자금을 받아서 다른 방향으로 사업을 확장하고 있습니다. 요즘에는 케이터링Catering 서비스를 위주로 사업모델을 바꿔서 미리미리 주문을 받고, 햄버거를 주문제작할 수 있는 형태로 진행하고 있다고 합니다. 굉장히 재미있죠?

IT가 바꿀 수 있는 것은 전통적인 이동통신이나 스마트폰, 태블릿 등의 단말기만이 아닙니다. 앞으로는 현실계와 가상계를 연결하는 기술들을 통해 이처럼 농업이나 제조업, 서비스 산업과 같은 전통산업에도 많은 변화를 가져오게 될 것입니다. 보고 듣고 느끼는 각종 감각들에 대한 혁신이 결국 더 많은 가능성을 만들어 내기 때문에, 그 부분이 굉장히 중요하다고 제3장에서 말씀드렸잖아요. 그것과 관련된 기술들이 계속 출시되고 있습니다. 요즘 여기저기 돌아다니다 보면 갑자기 정사각형으로 생긴 점으로 된 코드를 볼 수 있어요. 바로 QR코드입니다. 바코드를 2차원으로 만든 것인데, 나온 지는 수십 년이 된 거예요. 그런데 그동안 그다지 보급되지 않았습니다. 왜 그랬을까요? 일단 바코드를 읽으려면 뭐가 있어야 하죠? 레이저 총 같은 기계가 있어야 하는데, 사람들한테 들고 다니라고 할 수 없었죠. QR코드를 그림으로 찍어야 하니까, 카메라도 있어야 하겠죠. 그리고 저 코드의 의미를 알아야 하니까, 컴퓨터도 필요합니다. 컴퓨터로 프로세싱을 해야 하니까요. 그다음에 인터넷과 연결되어야 합니다. 예전에 처음으로 기술을 개발했을 당시를 상상해 봅시다. 노트북에 웹캠을 하나 달고, 무선 인터넷이나 케이블을 꽂아 들고 다니면서 해야 하죠? 너무나도 번거로웠을 겁니다. 그런데 어느 날 갑자기 그 모든 조건을 다 만족시키게 되었죠. 스마트폰이 등장한 겁니다. 언제 어디서든 인터넷이 연결되고, 카메라도 있고, 앱만 깔면 다 되는 거죠.

여기까지가 스마트폰 덕분에 해결된 것이고, 나아가서 더 중요했던 게 있어요. QR코드를 만드는 게 어렵다고 생각했습니다. 사실상 스마트폰이 보급되고 나서도 QR코드가 나오기까지는 시간이 좀 걸렸거든요. 그런데 그것을 결정적으로 뚫은 게 뭐냐? 우리나라 포털회사 중 하나가 URL을 넣으면 QR코드 간단하게 만들어 주는 서비스를 시작했어요. 그러니까 만드는 비용이 안 들게 된 거죠. 투자가 제로니까 아무나 만들어서 붙일 수 있게 되었습니다. 이제 다른 회사들도 이것을 다 제공을 하면서 굉장히 자연스럽게 된 거죠. 이게 핵심 포인트입니다. 싸면서 쉽고 혁신이 되는 인터페이스를 가질 수 있게 된 겁니다.

이제 NFC^{near field communication}를 소개하겠습니다. 머지 않아 여러분들이 굉장히 많이 쓰시게 될 텐데요. RFID^{Radio Frequency Identification}와 관련된 이야기예요. 가장 연상하기 쉬운 것이 버스카드입니다. 버스카드에는 단말기에 대면 삑 하고 소리 나는 칩과 리더기가 있는 거예요. 그런데 이 기술을 이용해서 정부에서는 유비쿼터스^{Ubiquitous} 사회/기술이라고 해서 수많은 프로젝트들을 했거든요. 시범 사업도 200개 정도 했을 거예요. 그중에서 성공한 사업은 몇 개 안 되는데, 왜 이렇게 성공을 못했을까요. 비용 때문입니다. 좀 전에 2D바코드를 읽기 위해 커다랗고 비싼 장비들을 가지고 다닐 수는 없지 않느냐고 했잖아요. 한마디로 투자를 많이 하면, 그에 상당하는 수익을 거두어야 하는데, 그 정도의 투자대비 수익이 없었던 거죠. 그래서 상용화가 어려웠어요. 그런데 앞으로는 달라질 거예요. 애플의 iOS나 구글의 안드로이드를 탑재한 스마트폰에는 대부분 앞으로 NFC/RFID 관련된 칩과 리더기가 기본적으로 장착되어 나올 겁니다. 교체주기를 고려하여 계산하면 앞으로 대략 2년 뒤, 그러면 2013~2014년쯤에는 이런 리더기와 칩을 장착한 스마트폰을 기본으로 들고 다닐 겁니다. 그러면 NFC에 대한 투자비용이 거의 안 들게 되지요? 그러면 정말 많은 시스템들이 이것을 이용하게 될 겁니다. 예를 들어 물체에 조그만 태그를 하나를 붙이고, 여기에 스마트폰을 가져다대는 순간에 다 인식이 될 수 있겠죠? 이와 같이 간단한 물체들도 인터넷에 연결이 되는 것을 '물체들의 인터넷'이라고 불러요. 그러니까 이제 인터넷의 대상이 가상계에만 있는 게 아니라 현실 세상으로 다 옮겨지는 겁니다. 이런 기술을 이용해서 실제로 재미난 프로젝트가 많이 생겼어요.

미국 콜로라도에 베일 리조트라는 스키장이 있어요. 거기에 들어가면 리프트권에 RFID를 부착하고, 소셜 웹 아이디를 입력해서 그 사람이 어디를 지나는지 인지하고, 그 다음에 위치정보와 각종 리더기를 이용해서 누가, 어디서, 무엇을, 어떻게 하고 있는지 파악할 수 있게 합니다. 또 젊은 친구들이니까 게임을 좋아하지 않습니까? 그래서 여기에 뱃지 제도를 도입해요. 예를 들어, 우리나라의 어떤 스키 리조트에 골드, 실버, 그린 등의 코스가 있다고 합시다. 골드를 내려오고, 실버를 내려오면, 그 뱃지를 획득할 수 있는 거예요. 이런 사실이 친구들한테 발송되고 랭킹도 올라가니 마치 게임 세상에 사는 것처럼 되었지요. 이 스키장은 이러한 발상으로 대히트를 쳤어요. 그래서 지난 해부터는 미국의 12곳 스키장이 이 기술을 도입했다고 합니다.

그래서 제가 느낀 게 있어요. 머지않아 우리나라에도 테마파크마다 비슷한 게 생길 수도 있겠다고 생각해 보았습니다. 또 하나의 중요한 기술은 증강현실augmented reality이라는 기술입니다. 여러분,《드래곤볼》이라는 만화 아세요? 그 만화에서 '스카우터'라는 안경을 쓰고 적을 바라보면, 적의 힘이 몇

이고 지구력이 얼마나 남았는지 알 수 있습니다. 증강현실은 인터넷에 있는 가상 정보를 현실 정보에 믹스해서 매치시켜 주는 겁니다. 그와 관련된 기술이 활성화되고 있는데요. 실제로 상거래에 적용을 시킨 회사가 있어요.

대표적인 회사가 주가라Zugara입니다. 인터넷 쇼핑몰을 통해서 옷을 살 때 가장 불편한 게 뭔가요? 입어보지 못한다는 점이죠. 내게 어울리는지 알 수 없잖아요. 그래서 이 회사에서는 어떻게 하느냐? 웹캠을 달고 모델을 고르고 사이즈까지 고르면, 여자가 옷을 바꿔 입죠. '이게 가장 잘 어울리나?' 고를 수 있는 거죠. 또 카메라를 클릭하면 지금 피팅된 상태에서 사진이 찍혀요. 그러면 그것을 내 친구 트위터나 페이스북에 보내요. 그럼 이게 잘 어울리느니 평을 들은 후에 오른쪽 장바구니 버튼을 누르면, 이 옷이 쇼핑백으로 들어가는 방식입니다. 이런 형태의 새로운 쇼핑 경험들도 등장할 가능성이 높아지고 있습니다.

이렇게 되니까 매장이 바뀌는 거예요. 어떻게 바뀔까요? 여러분, 스마트폰에 가격비교 앱을 깔아서 바코드로 찍어 본 적이 있으세요? 옛날에는 그렇게 하면 무척 싫어할 것 같다는 생각을 많이 했어요. 그런데 생각이 바뀌는 겁니다. 한마디로 말해서 매장에서 굳이 물건을 팔아야 할 이유가 없다는 거예요. 그냥 모델하우스처럼 만들어 놓는 거죠. 아파트 분양할 때 가서 구경하고 오듯이, 그러니까 온오프라인이 융합되는 거예요. 유럽의 어느 전자 매장에는 매장마다 무선 인터넷이 다 되어 있고, 매장에 들어갈 때 아이팟터치를 나누어 줍니다. 이것을 이용해서 쉽게 상품정보를 살펴보고 갖가지 경험도 다 해 보고 나서 맨 마지막에 기기를 반납해요. 다 써보고 경험한 뒤, 나중에 주문하면 되는 방식입니다. 무슨 말이냐? 매장에 있는 물건을 꼭 팔려고 노력하지 않아도 된다는 거죠. 오프라인과 온라인을 엮어서 새로운 매장에서 경험할 수 있도록 하고, 내가 쓰고 난 뒤 다른 사람에게 알릴 수도 있고, 마음에 들면 온라인 매장에서 구매하면 된다는 겁니다.

지금까지 이야기를 정리해 볼게요. 그러면 향후 미래 산업의 트렌드는 어떻게 될 것이냐?

첫 번째는 공급자 중심에서 소비자 중심으로 넘어갔다는 겁니다. 과거에는 몇몇 곳에서만 상품을 만드니까 선택의 여지가 별로 없었고, 상품 정보도 매스미디어의 광고를 통해서 얻었지, 내가 참여할 기회는 없었어요. 그런데 지금은 어때요. 소비자들이 직접 퍼뜨리죠. 직접 참여해서 마케터 역할을 하잖아요. 소비자들이 점점 중요해집니다. 점점 강자가 되는 거예요. 예전에 용산 전자상가에서 전자제품을 팔던 사람들의 주된 스킬이 뭔지 아세요? 딱 보기에 가격을 모를 것 같은 손님을 파악하는 능력이었습니다. 대부분 젊은 여자 분들이 잘 걸려들었죠. 그래서 바가지를 씌우는 거죠. 왜 이런 일이 벌어졌을까요? 잘 모르니까. 파는 사람과 사는 사람의 지식격차와 그에 따른 차익 거래가 생긴 거예요. 그랬는데 지금의 소비자들은 어때요? 절대 안 넘어가요. 요즘에는 스마트폰으로 가격비교 사이트를 뒤지잖아요. 가격이 대충 얼마인지 알고 가죠? 지식격차가 없는 거예요. 물론 요즘도 여전히 지식격차 거래를 하는 분들이 있어요. 그런데 대상이 외국인 관광객으로 바뀌었습니다. 이처럼 소비자의 힘이 점점 세지는 세상으로 바뀌었습니다.

두 번째는 총체적 '질' 관리에서 총체적 '경험' 관리로 바뀐다는 겁니다. 경영학 용어라서 조금 어려운데요. 예전에는 공급자 중심이다 보니까 물건을 잘 만드는 게 중요했어요. 따라서 경영학의 중요 포인트가 생산성 혁신이었지요. 어떻게 하면 싸고 질 좋은 제품을 만드느냐. 그래서 식스시그마six sigma 같은 다양한 경영학 방법론들을 동원해서 뭔가를 만들었거든요. 그런데 미래에는 어떻게 되느냐? 물건도 중요하지만 더 중요한 것은 경험이고, 사람들의 총체적인 경험을 어떻게 관리할 것이지 여부가 관건이 되었습니다. 그러니까 소비자 중심의 철학과 맞닿아 있는 거죠. 앞으로는 질 좋고 유익한 경험을 많이 할 수 있는지 여부가 기업의 경쟁력을 결정할 겁니다. 제품에서 서비스로 산업의 중심이 옮겨 가는 것도 비슷해요. 전에는 한번 만들어서 판매한 후에 내 책임이 아니라고 하면 그만이었는데, 지금은 어때요? 2년, 3년 쓰면서 계속 관계가 이어지잖아요. 그런 상황에서 좋은 서비스를 지속하는 곳이면 신뢰가 쌓이죠. 신뢰를 중심으로 뭔가를 퍼트릴 수 있는 게 서비스업인데, 시간이 지날수록 물건을 파는 게 아니라 서비스를 팔면서 관계를 형성하는 방향으로 점점 이전되고 있습니다. 따라서 기업이 물건을 만들어서 파는 것 자체가 중요한 게 아니라, 외부 사람들과 좋은 관계를 맺고 그들에게 가장 좋은 경험을 가질 수 있도록 적절한 서비스를 제공하는 것이 중요해졌습니다.

앞서 i 시리즈의 생태계를 언급했습니다. 생태계가 왜 중요하냐? 나 혼자가 아니라 거기에 참여하는 수많은 동료 및 소비자와의 협력과 소통이 더 중요해졌기 때문입니다. 누가, 어떻게 자기편을 더 많이 만들어 돕게 할 것이냐가 핵심입니다. 가장 대표적인 예로 미국에 세금을 계산해 주는 서비스 회사가 있거든요. 고객 수가 많아지면서 고객관리 업무를 해야 하잖아요. 잦은 전화 응대를 해야 하는데 이런 업무량이 늘어나니까, 도저히 안 되겠다 싶었습니다. 그래서 고객들이 서로 답변을 달게 하는 시스템을 만들었어요. 그리고 답변을 잘하는 고객에게는 상을 주었습니다. 그랬더니 어려운 문제를 문의하면 그걸 처리해 본 사람이 와서 답을 달아요. 일종의 커뮤니티가 생기죠. 커뮤니티의 힘에 의해서 움직이게 된 겁니다.

그렇다면 참여와 협업을 어떻게 끌어낼 것이냐? 저는 소통과 혁신을 중심으로 하는 미래형 인재라는 표현을 했습니다. 이러한 변화의 방향성이 있다고 했을 때, 미래형 인재의 자질은 무엇일까요? 아마도 지금까지는 주로 지식이었죠. 그리고 학위나 자격증이었을 텐데. IT의 역사가 쭉 진행되면서 그런 것들이 다 깨지는 상황이 왔습니다. 그렇다면 결국 사회적 가치를 많이 만들어 내는 게 중요한데, 그것을 하기 위한 가장 기본적인 자질은 바로 소통입니다. 자기의 의사를 표현할 수 있고 다른 사람을 끌어들일 줄 알아야 합니다. 그러고 나서 좀 더 창의적이고 창조적이며 새로운 것을 시도하는 노력이 필요하겠죠. 나머지 것들은 시스템과 로봇이 처리하니까요. 그런 것들은 공부 잘하고서 좋은 대학에 가는 것과는 좀 다른 부분입니다. 그래서 저는 교육과 관련한 담론을 할 때에 미래형 인재의 자질이 무엇인지 거론합니다. 저는 타인과 소통하고 교감하는 능력이 가장 중요한 자질이라고 주장합니다. 진심으로 공감하지 못하면 느낄 수 없어요. 그래서 글로 보는 것과 강의로 듣는 것은 다릅니다. 소통하고 교감하며 공감할 수 있도록 훈련시키고 깨우쳐 주는 것이 무엇보다 중요합니다.

마지막으로 디지털 라이프 시대에 살면서도 디지털에 접근하지 못하는 분을 위해 한 가지 팁을 드리겠습니다. 일단은 겁을 내지 않는 게 중요한 거 같아요. 어려워서가 아니라 낯설기 때문일 텐데요. 인터넷에서 쇼핑을 하려는데 이상한 프로그램을 깔라고 하니 어렵다고들 하세요. 하지만 사실은 그냥 들어가서 몇 번 클릭하고 시키는 대로 누르면 그다지 어렵지 않거든요. 다만 익숙하지가 않아서 안 하는 거죠. 두려움을 버리고 자연스럽게 하다 보면, 디지털 물결에 어렵지 않게 접근할 수 있다고 굳게 믿습니다.

팸플릿 4

스마트 IT, 스마트 혁명

ⓒ 정지훈, 2012

초판 1쇄 인쇄 2012년 7월 16일
초판 1쇄 발행 2012년 7월 30일

지은이   정지훈
펴낸이   강병철
주간   정은영
책임편집   문여울
편집   임민수
본문디자인   배현정
제작   고성은 김우진
마케팅   조광진 장성준 박제연
E-사업부   정의범 조미숙 이혜미

펴낸곳   자음과모음
출판등록   1997년 10월 30일 제313-1997-129호
주소   121-840 서울 마포구 서교동 396-33번지
전화   편집부 02) 324-2347 경영지원부 02) 325-6047
팩스   편집부 02) 324-2348 경영지원부 02) 2648-1311
이메일   inmun@jamobook.com
홈페이지   www.jamo21.net

ISBN 978-89-5707-678-1 (00300)
ISBN 978-89-5707-669-9 (set)